そのまま使えるモデル英文契約書シリーズ

はじめに

　人口減少が続く中、これまで国内市場のみを対象としてきた日本の中堅・中小企業であっても、ビジネスの維持・発展のためには、海外の旺盛な需要を取り込む必要がある。しかし、同じ文化に属する国内取引先と違って、海外企業との取引では思わぬトラブルが発生することがある。これは、早くから国際取引に乗り出してきた日本の大企業が経験してきたことであり、不慣れだったでは済まないほどの大きな損失を被った例も少なくない。これに対して、中堅・中小企業が国際取引において損失を被った場合、それを吸収するだけの体力がないおそれもある。

　先人が経験した苦い経験を繰り返す必要はない。これから国際取引に乗り出そうとする企業は、過去の経験に学び、国際取引に伴うトラブルに備えた適切な予防措置をとるべきである。すなわち、外国企業から示された英文契約書案にそのままサインするのではなく、日本企業の立場から様々な事態を想定し、相手方に対して逆提案をし、きちんとした交渉を経た上で契約を締結すべきである。とはいえ、国際取引に不慣れな企業にとって、自ら詳細な英文契約書を作成することは困難であり、またその作成を渉外弁護士に依頼した場合には高額な費用が発生する。

　そこで、JCAAでは、これまで日本企業が当事者となった仲裁事件を処理してきた経験に照らし、国際取引に不慣れな中堅・中小企業が契約書を作成する際に参考にして頂くべく、本シリーズを発刊することとした。本シリーズでは、各条項の解説の随所で、その条項の説明にとどまらず、その条項が扱っている事項はどのような意味があるのかを自覚的に考えることができるように工夫している。なお、異なるモデル契約書に登場する類似の条項例や解説は必ずしも同一ではないが、趣旨は同じである。

　また、国内の取引では紛争解決はいずれかの地方裁判所での裁判により最終的には解決される旨を定めるのが当然と考えてきたかもしれないが、国際取引をめぐる紛争については、外国での裁判を飲まざるを得ないとすれば、それは外国語で外国訴訟法に基づく手続の末に外国人の裁判官が外国語で判決を下すことを意味する。他方、日本での裁判は相手方の外国企業が拒否することになろう。そのため、国際取引紛争の解決のためには仲裁が用いられることが多い。すなわち、日本人と外国人から構成される仲裁廷により最終的な解決を図るのである。本シリーズでは、JCAAならではのこととして、仲裁条項のドラフティングについて詳しく説明している。

　本シリーズのモデル英文契約書が実際の契約書作成にあたり参考となれば幸いである。最後に、本シリーズの刊行にあたり、丁寧な監修により最新のモデル契約書に刷新して頂いたアンダーソン・毛利・友常法律事務所の仲谷栄一郎弁護士及び中川裕茂弁護士に厚く御礼申し上げたい。

2020年4月
日本商事仲裁協会（JCAA）仲裁・調停担当執行理事
道垣内　正人

目　次

III. 仲裁条項のドラフティング

CD-ROM：OEM（製造者側）製品製造供給契約書【英語、日本語】（MS-Word）

I. ＯＥＭ製品製造供給契約（製造者側）の概要

1. ＯＥＭ製品製造供給契約とは

ＯＥＭとは、original equipment manufacture の略記であり、一般的には、自社ブランドの製品を製造する場合に、あるメーカーが他のメーカーにその製品の製造を委託する取引をいう。

ＯＥＭ製品製造供給契約は、製品を製造し販売する契約であり、製造の点では請負の性質を持ち、製品の所有権を移転する点では売買の性質を持つ。また、委託者（発注者）の販売を前提として、受託者（受注者）が製造するにあたり、委託者の商号や商標を付すことが規定されることが多い。

2. 本条項例

本条項例は、外国メーカーが製品の製造を国内製造業者に委託する場合を想定したものである。

3. ＯＥＭ製品製造供給契約のポイント

ＯＥＭ製品製造供給契約において注意すべきポイントは次のようなものである。

（1） 商標

商標を受託者側が製品に付する場合、その方法や範囲などを明確に規定する必要がある。（本条項例では、第４条において「製品仕様」で個別に指示するという建て付けにしている。）

（2） 知的財産権

製品の製造に必要な知的財産権を委託者が有する場合、受託者に対しその使用を許諾し、さまざまな制限をかける定めが入れられることになる。（本条項例では、第３条の「解説」で、そのような例文を挙げている。）

（3） 保証

一般の売買契約同様、製品についての保証の条件が重要である。

（4） 支払い

これも一般の売買契約同様、受託者は、代金が確実に回収できるような条項を目指すべきである。

II. OEM Manufacturing and Supply Agreement（ＯＥＭ製品製造供給契約）の条項例（英語、日本語）解説

■ Recitals ／前文

OEM MANUFACTURING AND SUPPLY AGREEMENT
(FOREIGN OEM PURCHASER ／ JAPANESE OEM MANUFACTURER)

THIS OEM MANUFACTURING AND SUPPLY AGREEMENT（"Agreement"）is made and entered into as of the ___day of___, 20___ (the "Effective Date"), by and between:

FOREIGN OEM PURCHASER, incorporated under the laws of [JURISDICTION] and having its principal place of business at [ADDRESS] (hereinafter referred to as "Foreign OEM Purchaser"); and

JAPANESE OEM MANUACTURER, incorporated under the laws of Japan and having its principal place of business at [ADDRESS] (hereinafter referred to as "Japanese OEM Manufacturer") (collectively, Japanese OEM Manufacturer and Foreign OEM Purchaser are referred to as "Parties" and, individually, as "Party").

WITNESSETH:

WHEREAS Foreign OEM Purchaser desires Japanese OEM Manufacturer, under the supervision and with the

---

ＯＥＭ製品製造供給契約
（外国における購入者／国内における製造業者）

本ＯＥＭ製品製造供給契約（以下「本契約」という。）は下記の当事者の間で20___年___月___日付で締結された。

_____法に基づき設立され、主たる事業所を【　　　】に有する外国における購入者（以下「外国購入者」という。）および

日本法に基づき設立され、主たる事業所を【　　　】に有する国内における製造業者（以下「国内製造業者」という。）（以下両当事者を総称して「当事者」または「両当事者」という。）

記

外国購入者は国内製造業者に対して、外国購入者が購入し、その後自己の商号および商標を用いて本契約に従って下記に定義

technology of Foreign OEM Purchaser to manufacture certain products, which Foreign OEM Purchaser shall purchase and thereafter market, sell and distribute under its own tradename and trademarks in the Territory (as defined below);

WHEREAS Japanese OEM Manufacturer is in a position to manufacture the above mentioned products; and

WHEREAS Japanese OEM Manufacturer and Foreign OEM Purchaser desire to enter into an agreement to record the detailed terms and conditions for the manufacture and supply of products.

NOW, THEREFORE, in consideration of the mutual covenants and undertakings contained herein and other good and valuable consideration the sufficiency and receipt of which are hereby acknowledged, the Parties hereby agree as follows:

した指定地域において販売、流通する一定の製品を、外国購入者の指導および技術に基づき製造することを依頼したいと考えている。

国内製造業者は上記のような製品の製造を引き受けられる立場にある。

外国購入者と国内製造業者は、製品の製造および供給に関する詳細な条件を取り決めることを望んでいる。

本契約に含まれる条件および条項に従い、当事者は下記のとおり合意する。

解説

冒頭文

契約締結の年月日並びに各当事者の名称、設立準拠法および主たる営業所所在地を記載する。当事者の名称および主たる営業所（本店）所在地は登記簿の記載どおりに表示するものとする。日本の会社が契約書を英文で作成する場合英文名称を記載することになるが、定款が英文名称を定めている場合はこれを用いる。

設立準拠法は、連邦制を採るアメリカ合衆国等、国によって州法等が準拠法になっていることも多々あるので注意する。

前文

契約締結に至った経過、理由、当事者の事情、その他契約の前提となっている事項について表示する。前文は、法的拘束力の観点から必ずしも記載する必要性はなく、省略することも可能である。しかし、前文を記載することは、契約の全体像を把握するのに役立ち、また契約締結時点

における当事者の立場および意思を明示しておくことは、事後的に事情が変更した場合の備えになりうる。更に、関連する契約が複数存在する場合、それらの契約の関係を前文で明らかにすることで、契約の適用範囲および適用される契約を明確にできる。なお、通常前文の末尾に当事者による契約締結の合意の宣言がなされる。

■ Definitions ／定義

Article 1　Definitions

　In this Agreement, unless the context otherwise requires, the following words and expressions shall have the following meanings:

1.1 "Invoice" shall mean, in respect of a particular Purchase Order (as defined below), the statement for payment, as referred to in Article 7.1, sent by Japanese OEM Manufacturer to Foreign OEM Purchaser in connection with Products supplied under that Order.

1.2 "Letter of Credit" shall have the meaning provided in Article 7.1 and 7.2 herein.

1.3 "Products" shall mean the products manufactured by Japanese OEM Manufacturer according to the Product Specifications (defined below) under this Agreement, as listed in EXHIBIT 1.

1.4 "Product Specifications" shall mean the specifications as provided in EXHIBIT 2 in compliance with which Japanese OEM Manufacturer shall manufacture, package and

第1条〔定義〕

　文脈により別段の解釈を必要とする場合を除き、本契約において下記の用語および表現は以下の意味を有する。

1.1 「請求書」とは、本契約第7.1条において言及され、購入注文（以下に定義する）に関して供給された本件製品につき国内製造業者が外国購入者に対して送付する毎月の支払に関する明細を意味する。

1.2 「信用状」とは、本契約第7.1条および第7.2条に定めた意味とする。

1.3 「本件製品」とは、国内製造業者が外国購入者の提出した製品仕様（以下に定義する）に従って製造する製品で、外国購入者が自己の商号または商標を用いて輸入、販売または流通させる別紙1記載の製品を意味する。

1.4 「製品仕様」とは、別紙2に規定した、国内製造業者が本件製品をどのように製造、梱包し、外国購入者に引き渡すかということを定めた仕様を意味する。

1.5 「購入注文」とは、本契約第5.1条に定められた意味とする。

1.6 「購入価格」とは、別紙3に定められたとおり、外国購入者が本件製品について国内製造業者に対し

ship the Products to Foreign OEM Purchaser.

1.5 "Purchase Order" shall have the meaning provided in Article 5.1 herein.

1.6 "Purchase Price" shall mean the price paid for the Products by Foreign OEM Purchaser to Japanese OEM Manufacturer as provided in EXHIBIT 3.

1.7 "Quarter" shall mean a three-month period commencing on January 1, April 1, July 1 or October 1 in any given year.

1.8 "Territory" shall mean [   ].

て支払う金額を意味する。

1.7 「四半期」とは、1月1日、4月1日、7月1日もしくは10月1日から開始する3ヵ月間を意味する。

1.8 「指定地域」とは、【＿＿】を意味する。

解説

第1条〔定義〕

　契約中、意味が限定または特定される語句、繰り返し現れる語句および省略された表現で用いられる語句等は、定義条項においてその意味を明確にしておくことが適切である。語句の定義化は、契約の文言の解釈について争いが生じるのを未然に防止する点に大きな意義があり、また契約における表現の統一にも資する。本条項例における指定地域は、外国購入者が本件製品を販売する地域を指すため、具体的な定義は適宜記載する。

■ Manufacturing Facilities and Equipment ／製造施設および設備

Article 2　Manufacturing Facilities and Equipment

2.1 (Manufacturing Equipment) Prior to the commencement of manufacture of the Products, Foreign OEM Purchaser shall supply Japanese OEM Manufacturer with and install all equipment necessary for the manufacture of the Products at Foreign OEM Purchaser's cost

第2条〔製造施設および設備〕

2.1 （製造設備）本件製品の製造開始前に、外国購入者は、国内製造業者に対して、本件製品を製品仕様に従って製造するために必要なすべての設備を、外国購入者の費用において直接国内製造業者に提供するか、国内製造業者に対してかかる設備を購入し設置するための十分な資金を与えることにより、供給し、設置する。

in accordance with the Product Specifications either by providing such equipment directly to Japanese OEM Manufacturer or by furnishing Japanese OEM Manufacturer with sufficient financing to purchase and install such equipment.

2.2　(Development of Manufacturing Facilities)

(A)　Prior to the commencement of manufacture of the Products, Foreign OEM Purchaser shall procure any modifications to Japanese OEM Manufacturer's manufacturing facilities or any construction of new manufacturing facilities necessary for the manufacture of the Products in accordance with the Product Specifications, provided, however, that such modification, construction of new facilities shall be subject to the prior written consent of Japanese OEM Manufacturer. Foreign OEM Purchaser shall bear the entire costs of such modifications or construction including, without limitation, the services of any engineers, architects and construction contractors as required therefore.

(B)　If, upon agreement between the Parties, Japanese OEM Manufacturer undertakes to

2.2　(製造施設の開発)

(A)　本件製品の製造開始前に、外国購入者は、製品仕様に従って本件製品を製造するために必要な国内製造業者の製造施設への変更または新しい製造施設の建設を、手配する。ただし、かかる製造施設の変更または新たな建設は事前の国内製造業者の同意を要する。外国購入者は、かかる変更または建設に必要なエンジニア、建築家および建築会社等のサービスを含む（がこれに限定されない）費用全額を負担する。

(B)　当事者間の合意により国内製造業者が上記第2.2条(A)に規定されるエンジニア、建築家、および建築会社のサービスを手配することになった場合、外国購入者は、かかるサービスの費用全額を制限なく負担し、国内製造業者からの請求あり次第直ちに全額を支払う。

2.3　(試験および運用手続)上記第2.1条および第2.2条の設備および施設における機械の試運転は、国内製造業者の立会の下、外国購入者が行う。かかる試運転および試運転による製品仕様に従った製品の製造が完了した後、外国購入者と国内製造業者は、必要に応じて、標準運用手続（以下「標準運用手続」という。）を採用し、これに書面で合意する。

procure the services of any engineers, architects and construction contractors as described in Article 2.2(A) above, Foreign OEM Purchaser shall bear the entire costs of procuring such services without limitation and pay full amount to Japanese OEM Manufacturer immediately upon request of Japanese OEM Manufacturer.

2.3 (Testing and Operating Procedures) The machine trials of the equipment and facilities described in Article 2.1 and 2.2 above shall be carried out by Foreign OEM Purchaser in the presence of a person or persons of Japanese OEM Manufacturer who shall be designated by Japanese OEM Manufacturer. Following such trials and the production in such trials of Products that strictly comply with the Product Specifications, Foreign OEM Purchaser and Japanese OEM Manufacturer shall, as necessary, adapt and thereafter, agree in writing upon standard operating procedures (the "Standard Operating Procedures").

解説

第2条〔製造施設および設備〕

　ＯＥＭ製品製造供給契約は、国内製造業者が本件製品製造能力を現実にまたは潜在的に有することが前提であるが、かかる製造能力を有したとしても、本件製品を実際に製造するためには設

備投資を伴うことが想定される。そこで、このような設備投資を国内製造業者、外国購入者いずれが負担するかが問題となるが、本条項例においては、費用並びに設備投資に必要なサービスの手配および当該設備による本件製品製造能力確認責任を原則的に外国購入者の負担としている。

　また、設備機械の運用に関する標準運用基準は、製造過程における運用マニュアルとして役立つのみならず、本件製品の欠陥等が発生した場合に国内製造業者の損害賠償の責任範囲を狭めうる意味でも、即ち、対外国購入者との関係では、標準運用基準を遵守していれば外国購入者による国内製造業者の過失の立証責任が一層重くなるという意義があるという意味でも、作成しておくことが望ましい。

■ Know-How, Technology and Instruction ／ノウハウ、技術および指示

Article 3　Know-How, Technology and Instruction

3.1　Foreign OEM Purchaser shall throughout the term of this Agreement provide Japanese OEM Manufacturer upon request with all information available to it in relation to, and necessary in order to, manufacture the Products, including, without limitation, the designs, manuals, technology and know-how specified in EXHIBIT 4.

3.2　Foreign OEM Purchaser shall provide Japanese OEM Manufacturer with all instruction and technical assistance at Foreign OEM Purchaser's cost necessary in order to manufacture the Products in accordance with the Product Specifications and the Standard Operating Procedures, which may include, without limitation, the dispatch of engineers and technical support staff throughout the term of this Agreement.

第3条〔ノウハウ、技術および指示〕

3.1　外国購入者は、本契約期間中、製品仕様に従った本件製品を製造することに関連し、かつこれに必要な、別紙4記載のデザイン、マニュアル、技術およびノウハウを含む（がこれに限定されない）すべての情報を国内製造業者に対して提供する。

3.2　外国購入者は、国内製造業者に対して、外国購入者の費用で、本件製品を製品仕様および標準運用手続に従って製造するために必要なすべての指示および技術支援を行うこととする。これには本契約期間中のエンジニアおよび技術サポート・スタッフの派遣が含まれるが、これに限定されない。

第3条〔ノウハウ、技術および指示〕

　外国購入者による提供が必要な技術等に関する資料については、別紙4において可能な限り特定しておくことが必要である。また、技術資料の提供だけでは製品仕様に従った本件製品の製造が困難な場合、技術指導が伴うことになる。技術指導に関する条項は、非常に簡単なものから詳細なものまで千差万別である。国内製造業者従業員が外国購入者の工場等で技術指導の研修を受ける方法と外国購入者が技術指導員を国内製造業者の工場等に派遣する方法が考えられ、研修員または技術指導員の人数、派遣期間等を詳細に定めておくのが望ましい。

　もっとも、本条項は、参考として、ＯＥＭ製品製造供給契約の一部として簡潔な規定を挿入しているが、その内容の重要性に鑑み別途技術導入契約やライセンス許諾契約等を締結するのが適切である。また、特許、ノウハウ等の使用権の付与を明確にしておきたい場合には、下記のような規定を置くことも考えられる。

During the term of this Agreement, Foreign OEM Purchaser hereby grants Japanese OEM Manufacturer a royalty-free, nonexclusive, irrevocable license to use the intellectual property right including patent and trademark, know-how or any technology contained in the Product Specifications or otherwise granted by Foreign OEM Purchaser in connection with the manufacture and packing of the Products.	本契約の有効期間中、外国購入者は国内製造業者に対して、製品仕様に含まれ、またはその他の方法により外国購入者により付与される特許および商標を含む知的財産権、ノウハウ並びに技術を本契約に基づく本件製品の製造および梱包のためにのみ利用する無償で、非専属的かつ取り消し不能の使用権を付与する。

■ Supply ／供給

Article 4　Supply	**第4条〔供給〕**
4.1　Japanese OEM Manufacturer shall manufacture the Products in accordance with the Product Specifications and the Standard Operating Procedures, and thereafter sell those Products to Foreign OEM Purchaser and Foreign OEM Purchaser shall	4.1　国内製造業者は、製品仕様および標準運用手続に従って本件製品を製造し、その後本件製品を外国購入者に対して販売し、外国購入者は、国内製造業者が供給したかかる本件製品を指定地域において販売及び流通させる。これにより国内製造業者の指定地域もしくは指

sell and distribute such Products supplied by Japanese OEM Purchaser within the Territory without any prejudice whatsoever to Japanese OEM Manufacturer's rights to manufacture, sell, market and distribute any products competitive with or similar to the Products either in or outside the Territory, or to sub-contract to any third party any part of the manufacture of the Products.

4.2 Foreign OEM Purchaser shall purchase all Products manufactured by Japanese OEM Manufacturer pursuant to the Purchase Orders.

定地域外において本件製品と競合するもしくはこれに類似する製品を製造、販売、および流通する権利が制限されることはなくまた本件製品製造の過程を第三者に委託する権利が制限されることはない。

4.2 外国購入者は、購入注文に従い、国内製造業者が製造した本件製品を全部購入する。

解説

第4条〔供給〕

　第4.1条は、国内製造業者が本件製品を製品仕様および標準運用手続に従って製造する義務を規定している。別紙2として契約書に添付する製品仕様は、その専門性から図面等を含む詳細なものになると思われるが、法律家のチェックのみでは不十分となることが少なくなく、技術担当者による慎重な検討・確認が必要である。

　なお、外国購入者は、本件製品と競合する製品を国内製造業者が取り扱うことを好まないが、競合製品の取扱を不当に制限することはいわゆる独占禁止法の不当な取引制限の問題が生じることになる。逆に国内製造業者としては、競合製品および（外国購入者の知的財産権を侵害しない）類似製品の製造・販売等の取扱等の自由を明記し、自由な事業範囲を可能な限り確保しておくことが重要である。また、国内製造業者が本件製品の製品仕様等遵守について第16条で保証する以上、国内製造業者が第三者への製造委託を自由にできることが望ましいため、本条項例は、かかる国内製造業者の権利を明記している。

　また、本件製品を製造した後に、外国購入者が任意に発注を取り消せるのであれば、国内製造業者は多大な在庫リスクを抱えることになるため、そのような事態を防止すべく、本条項例は、第4.2条を設けている。

　事情によっては、国内製造業者を独占的製造業者とする規定を追加することも考えられる。

■ Order and Delivery of The Products ／本件製品の発注と引渡し

| Article 5　Order and Delivery of The Products | 第5条〔本件製品の発注と引渡し〕 |

Article 5　Order and Delivery of The Products

5.1　Purchase Orders for the Products shall be submitted to Japanese OEM Manufacturer by Foreign OEM Purchaser every Quarter for at least ninety (90) days prior to the first day of each Quarter stipulating the monthly requirements of Foreign OEM Purchaser on a standard order form as prescribed in EXHIBIT 5 (the "Order Form") which Purchase Order, including any terms and conditions contained therein, shall be deemed binding upon the Parties upon the acceptance thereof on a standard acceptance of order form as prescribed in EXHIBIT 5 (the "Acceptance of Order Form") by Japanese OEM Manufacturer.

5.2　Foreign OEM Purchaser shall standardize the volume of monthly orders to Japanese OEM Manufacturer to insure production and inventory consistency.

5.3　Subject to Article 5.1 above, Japanese OEM Manufacturer shall endeavor to deliver the Products in the quantity and to the site (the "Designated Delivery Site") specified in the Order Form on or before the date being the later of the dates specified on the Order

第5条〔本件製品の発注と引渡し〕

5.1　本件製品に関する購入注文（以下「購入注文」という。）は、別紙5記載の標準発注書の様式（以下「発注書」という。）を用いて国内製造業者に対して外国購入者が四半期毎に各四半期の初日の少なくとも90日以上前に提出し、かかる購入注文は、国内製造業者の別紙5記載の標準発注請書の様式（以下「発注請書」という。）を用いた受注により、発注書に記載されている条件を含め、両当事者を拘束する。

5.2　外国購入者は、国内製造業者に対する毎月の注文量を標準化し、国内製造業者の製造と在庫を安定させる。

5.3　上記第5.1条に従い、国内製造業者は、本件製品を発注書において指定された量および場所（以下「引渡し場所」という。）に、発注書に指定された日付または当事者間で合意した日付のいずれか遅い方（以下「引渡し日」という。）までに届けるよう努力する。但し、国内製造業者が引渡し日までに引渡しできない場合、国内製造業者は、遅滞なく外国購入者に対して通知し、引渡し日経過後に、できるだけ早く引き渡す。

5.4　外国購入者は、国内製造業者が時間どおりに購入注文を履行できない場合に生じる損失または損害に関する一切の責任から、国内製造業者を明示的に免責する。

Form or such other date agreed
by the Parties ("Delivery Date"),
provided that, in the event that
Japanese OEM Manufacturer
cannot effect delivery on or by
the Delivery Date, Japanese OEM
Manufacturer shall notify Foreign
OEM Purchaser of such delay and
use its reasonable efforts to effect
delivery as soon as possible after
the Delivery Date.

5.4 Foreign OEM Purchaser expressly
releases Japanese OEM
Manufacturer from any and all
liabilities resulting from any loss
or damage arising from the failure
of Japanese OEM Manufacturer to
satisfy any Purchase Orders in a
timely fashion.

解説

第5条〔本件製品の発注と引渡し〕

　本条項例は包括的な基本取引契約であり、個々の取引は具体的な本件製品の発注と受注により成立する。即ち、個々の取引について契約の申込と承諾が成立要件となる。本条項例では、受注するか否かを国内製造業者の任意としている。もっとも、本条項例に基づく契約の締結により、外国購入者と国内製造業者は継続的取引関係に基づき相互に信義則上の義務を負っているため、国内製造業者が正当な理由なく受注を拒絶するのは問題が生じ得、注意が必要である。特に第4.2条で全量の買取りを外国購入者に求めていることなどとの関係にも配慮すべきである。発注書／発注請書も、国内製造業者の方で準備し、発注書に記載されている細かい条項も十分にチェックし、基本契約の趣旨と齟齬のないように準備するのが適切である。

　ＯＥＭ製品製造供給契約において、国内製造業者は、納期に間に合うように常に資器材を調達し設備を整えておかなければならず、受注量が不定であったり微少であったりすると、経営に支障を生じさせかねない。そこで、本条項例は、第5.2条で月毎の発注量の標準化も求めると共に、第9条において、外国購入者に一定の量を最低量とする購入保証をさせている。

　商品の引渡し場所は、第三者から見てもわかるように具体的に明記するよう注意する。引渡義務の履行遅滞が生じた場合、本条項例に基づき速やかな引渡しを事後的に行った場合も法令上、

国内製造業者は、外国購入者から、履行遅滞の責任、特に損害賠償責任を追及されるおそれがあることに注意する。

■ Purchase Price and Charges ／購入価格と費用

Article 6　Purchase Price and Charges	第6条〔購入価格と費用〕
6.1　The Purchase Price for the Products shall be as stipulated in EXHIBIT 3.	6.1　本件製品の購入価格は別紙3に記載されたとおりとする。
6.2　Japanese OEM Manufacturer shall retain the right to modify the Purchase Price in the event of any change to the Product Specifications or in the event of a material increase in the costs of manufacturing due to, without limitation, any increase in the costs of raw materials, labor or transportation.	6.2　国内製造業者は、製品仕様が変更された場合または製造費用が原料、労働力、運送費を含む（がこれに限定されない）費用の増加により大幅に増加した場合に、購入価格を変更する権利を留保する。
6.3　The Purchase Price shall consist exclusively of the price for the manufactured Products. Foreign OEM Purchaser shall bear any and all additional or associated costs and charges including, without limitation, shipment costs to the Designated Delivery Site, packing costs, insurance premiums and export or import tariffs.	6.3　購入価格は製造された本件製品の価格のみを含み、その引渡し場所への運送費、梱包費用、保険料、本件製品の輸出入関税を含む（がこれに限定されない）費用および経費は追加的・関連的なものも含め全て外国購入者が負担する。

解説

第6条〔購入価格と費用〕

　本条項例は、究極的には国内製造業者により製造された本件製品の売買契約であり、本件製品の対価として支払われる購入価格に含まれる範囲と当該価格の具体的数字をできるだけ明確にすることが重要である。本条項は、決定された購入価格以外に発生する費用については、外国購入者が全て負担することを明記しているが、予測しない金銭的負担が国内製造業者に発生することを防止する趣旨である。

また、購入価格は、製品仕様の変更や物価の上昇等により変更する場合もあることに鑑み、第6.2条は、事後的事情の変更を購入価格に反映させ変更する権利を、国内製造業者に留保している。かかる変更の場合、別紙の改訂も必要となる。

■ Payment ／支払

Article 7　Payment

7.1　Japanese OEM Manufacturer shall submit an Invoice to Foreign OEM Purchaser for the Products purchased by Foreign OEM Purchaser. All Invoices under this Agreement shall be settled by and under a confirmed and irrevocable Letter of Credit established through a bank approved by Japanese OEM Manufacturer.

7.2　Within seven (7) days after the date of issuance of an Invoice, Foreign OEM Purchaser shall cause the bank approved by Japanese OEM Manufacturer to establish a Letter of Credit on conditions satisfactory to Japanese OEM Manufacturer, provided, however, that, when a Letter of Credit has already been established before the issuance of such Invoice, payment shall be made under such Letter of Credit.

7.3　A Letter of Credit shall allow for partial payment against partial shipment and shall be valid for fourteen (14) days after the scheduled date of delivery, through which Japanese OEM Manufacturer may receive payment for each

第７条〔支払〕

7.1　国内製造業者は、外国購入者の購入した本件製品について、外国購入者に対して請求書を送付する。本契約に基づく売買に関するすべての支払は、国内製造業者が承認した銀行が発行する確認済みかつ撤回不能な信用状に基づき、行われる。

7.2　請求書の発行日から７日間以内に、外国購入者は、国内製造業者が納得する条件での信用状を、国内製造業者が承認した銀行に発行させる。但し、信用状がかかる請求書発行前に既に発行されている場合には、かかる信用状に基づき支払を行うことができる。

7.3　信用状は分割した船積に対しては部分的な支払も可能なものとし、国内製造業者は部分的な各引渡しについて支払いを受けることができるものでなければならない。また信用状は引渡し予定日後14日間有効であり、譲渡可能であり、発行銀行が無条件で一覧払いすることを定めた条項が含まれなければならない。

7.4　外国購入者が信用状を発行できない場合または理由の如何に拘わらず、国内製造業者が購入注文にかかる支払を受けることができない

partial shipment, and such Letter of Credit shall be transferable and shall contain a section stipulating the issuing bank's undertaking of unconditional payment against a draft at sight.

7.4 If Foreign OEM Purchaser fails to establish a Letter of Credit or for any reason whatsoever, Japanese OEM Manufacturer is unable to obtain payment for any Purchase Order, Japanese OEM Manufacturer shall be entitled to withhold the delivery of the Products and/or terminate whole or a part of this Agreement without prior notice and without burden of any compensation there for on the part of the Japanese OEM Manufacturer and all loss and damages sustained thereby shall be indemnified by Foreign OEM Purchaser.

場合、国内製造業者は、本件製品の引渡しを留保し、また本契約の全部または一部を何ら補償責任を負うことなく、事前の通知なしで解約することができる。また、この場合、これにより発生した損害はすべて外国購入者が補償する。

解説

第7条〔支払〕

　本条項例においては確実性を重視して、信用状による支払を原則としているが、支払方法および支払通貨等は、当事者の利益に適ったものを適宜検討するのが望ましい。国内製造業者としては、本件製品供給の対価の確保が取引において最も重要な要請の一つであり、したがって、本条項例は第19.2条において、かかる支払が滞った場合に本契約の解除権および従前発生した債務について期限の利益を喪失させる権利を国内製造業者に留保している。

　支払条件の種類としては、信用状を用いる荷為替手形による決済がもっとも一般的であるが、引渡後一括払、引渡後一定期日内一括払および引渡後分割払ならびにこれらそれぞれに前渡金の支払を加えた方法等がある。なお、他の取引で国内製造業者が外国購入者に対して債務を負担するような場合、当該債務と本条項例に基づく国内製造業者の代金債権を対等額にて相殺する形の支払方法も考えられる。

外国から本邦居住者に対する支払に関しては、外為法上の報告義務があるが、当該支払が銀行等を経由する場合、報告も銀行を経由して通常行われる（外為法 55 条等）。支払に関しては、関係国における税務問題について確認することが必要である。

■ Title and Risk of Loss ／権原と危険負担

Article 8　Title and Risk of Loss	第 8 条〔権原と危険負担〕
8.1 (Retention of Title) All Products delivered to Foreign OEM Purchaser shall remain the property of Japanese OEM Manufacturer until the Purchase Price for such Products has been paid in full.	8.1 （権原の保持）外国購入者に引き渡された全ての本件製品は、かかる製品の購入価格が完済されるまで、国内製造業者の所有物である。
8.2 (Risk) Notwithstanding the above Article 8.1, the risk of loss of the Products shall pass from Japanese OEM Manufacturer to Foreign OEM Purchaser at the time when the Products have effectively passed the vessel's rail at the port of shipment. Thus, Foreign OEM Purchaser shall bear the risk of loss or damage to the Products as well as the responsibility for any damage they might cause to third parties or their property after the risk of loss of the Products has effectively passed to Foreign OEM Purchaser. Foreign OEM Purchaser shall insure such Products for itself and for the benefit of Japanese OEM Manufacturer at the Foreign OEM Purchaser's own expense for the period from the passing of the risk of the Products to Foreign	8.2 （危険負担）上記 8.1 条にも拘わらず、本件製品に関する危険負担は、本件製品が船積港において本船船側欄干を有効に通過した時点で国内製造業者から外国購入者に移転する。よって、外国購入者は、以後、保険製品に関する損失または損害、およびかかる本件製品を引渡し場所に届けた際の第三者またはその財産に対して起こりうるあらゆる損害に対する責任を負担する。外国購入者は、本件製品に関するリスクの移転から、本件製品の買主に引き渡されリスクが移転するまでの間、外国購入者の費用負担で、本件製品について自身と国内製造業者を受益者として保険を契約する。

OEM Purchaser until it would be effectively delivered to and its risk of losses would pass to the purchaser of the Products.

解説

第8条〔権原と危険負担〕

　目的物の所有権移転時期については、引渡しと同時、代金完済時、または受領検査（第11条参照）終了時のいずれかなどとすることがある。本条項例は、国内製造業者にとって代金債権の確保が最も重要な要請の一つであることに鑑み、代金完済時まで所有権を国内製造業者に留保する方法を採用し、外国購入者に代金不払等の債務不履行があった場合、国内製造業者は、留保されている所有権に基づき製品の取戻を請求できるように手当している。ただし、本件製品が既に第三者に転売されており、国内製造業者が本件製品の所有権を有することについて当該第三者が善意無過失であれば、国内製造業者は留保された所有権を主張できないことに注意する。

　危険負担は、引渡しと同時に移転すると定めるのが通常であるが、今回のケースのように所有権移転の時期を遅くすると、船積後相手国に到着した後など、明らかに国内製造業者のコントロールを離れた後にも、国内製造業者に危険が残る事態となりえ、これは好ましくないことから、危険負担については所有権の移転に先立って移転することとし、いわば所有権のみを留保しているタイプの規定とした。

■　**Minimum Purchase Guarantee ／最低限の購入保証**

Article 9　Minimum Purchase Guarantee

9.1　During the term of this Agreement, Foreign OEM Purchaser guarantees to purchase a minimum quantity of Products, as stipulated in EXHIBIT 6.

9.2　The minimum purchase amount shall consist exclusively of Products for which Japanese OEM Manufacturer has received payment, excluding any product returns.

9.3　Japanese OEM Manufacturer may terminate this Agreement

第9条〔最低限の購入保証〕

9.1　本契約の期間中、外国購入者は、別紙6に定めたとおりの最低量を購入する保証（以下「最低購入保証」という。）をする。

9.2　最低購入保証は、国内製造業者が支払を受けた分の本件製品のみによって構成され、返品された製品は含まない。

9.3　国内製造業者は、外国購入者が上記第9.1条の最低購入保証を達成することができない場合には、本契約をいつでも何らの責任を負うこともなく解約することができる。

at any time without incurring any responsibility in the event that Foreign OEM Purchaser fails to attain the guaranteed minimum purchase in any year as stipulated in Article 9.1 above.

解説

第9条〔最低限の購入保証〕

　第5条の解説参照のこと。

■　Forecast ／推定値

Article 10　Forecast

10.1　(Sales Forecasts) Upon the execution of this Agreement and on the first day of each Quarter thereafter, Foreign OEM Purchaser shall furnish Japanese OEM Manufacturer with sales forecasts of Products covering the Quarter commencing one Quarter later.

10.2　(Sales and Inventory Figures) Foreign OEM Purchaser shall supply Japanese OEM Manufacturer with a detailed report of sales figures for each Quarter within 20 (twenty) days of the end of that Quarter, and a detailed report of inventory figures for each Quarter within one (1) month of the end of such Quarter. Both reports shall be broken down by categories of Products.

10.3　(Attainment of Forecast) Foreign OEM Purchaser shall use its

第10条〔推定値〕

10.1　（推定売上額）

　　　本契約の締結時およびその後各四半期の初日において、外国購入者は、国内製造業者に対して、次の四半期における本件製品の売上の推定を提供する。

10.2　（売上および在庫の数値）

　　　外国購入者は、国内製造業者に対して、各四半期毎の詳しい売上に関する数値を、かかる四半期末日から20日以内に提供し、四半期毎に在庫に関する数値をかかる四半期の末日から1ケ月以内に提供する。両報告書と本件製品毎に内訳を記載する。

10.3　（推定値の達成）

　　　外国購入者は、第10.1条に従って提供された推定売上値を達成するよう、最大限努力する。

best efforts to attain the sales
forecasts supplied in accordance
with Article 10.1 above.

解説

第１０条〔推定値〕

　ＯＥＭ製品製造供給契約においては、外国購入者による本件製品売上の増加が国内製造業者に対する発注の増加につながる。そこで、外国購入者に本件製品の販売促進を努めさせるよう、売上の推定を提供させその達成を図らせるのが本規定である。そして、売上および在庫状況に関する情報を外国購入者に提供させ、前記売上の推定が過度に低かったりせず、合理的な設定であるか否か確認できるようにするのが適切である。

■　Product Returns ／本件製品の返品

Article 11　Product Returns

　Foreign OEM Purchaser shall inspect all Products supplied to it within three (3) days of receipt at the Designated Delivery Site. In the event that Japanese OEM Manufacturer has delivered Products that are materially defective or do not materially comply with terms and conditions stipulated in the Product Specifications or Purchase Order, Foreign OEM Purchaser shall notify Japanese OEM Manufacturer in writing within three (3) days of the date of the inspection with detailed particulars of such non-compliance, and if Japanese OEM Manufacturer determines that such claims are with reasons and are solely attributable to Japanese OEM Manufacturer, Japanese OEM Manufacturer shall deliver replacement Products to Foreign OEM Purchaser as soon as practicably possible. Such replacement shall be Foreign OEM

第１１条〔本件製品の返品〕

　外国購入者は、提供された全ての本件製品を、引渡し場所で受領してから３日以内に検査する。国内製造業者が本件製品に重大な欠陥があるか、または製品仕様もしくは購入注文で定められたものと重大な不一致がある本件製品を引き渡した場合、外国購入者は、かかる検査の日から３日以内に、国内製造業者に対して、書面により注文との不一致についての詳細を通知し、国内製造業者がかかる主張に理由があり、国内製造業者に責任があると認めた場合には、国内製造業者は、外国購入者に対して、代替品を実務的に可能な限り速やかに届ける。かかる代替品の納入をもって、外国購入者の唯一の救済手段とする。外国購入者は、国内製造業者の依頼により、国内製造業者の選択と費用において、購入注文に一致していない本件製品を返品するか、廃棄する。

Purchaser's sole and exclusive remedy. Foreign OEM Purchaser shall upon request by Japanese OEM Manufacturer return or destroy any Products not complying with the Purchase Orders at Japanese OEM Manufacturer's choice and cost.

解説

第１１条〔返品〕

　第 11 条は、国内製造業者が提供した製品が欠陥製品だった場合の代替品提供努力義務を規定するが、かかる義務の発生を引き渡した製品が製品仕様に合致しないという外国購入者の主張を国内製造業者が正当と認めた場合に限定している。また、欠陥製品の処分についていかなる方法が適切であるかは、個々の事情によることに鑑み、処分費用は国内製造業者の負担とするも、外国購入者側での廃棄等具体的方法については国内製造業者の裁量に委ねている。なお、かかる代替品提供措置は国内製造業者の不完全履行により外国購入者が被った損害の賠償義務を当然に免責するものではないため、国内製造業者の立場からは、免責の点を明記することが必要であり、かかる免責につき本条項例は第 16.2 条 (B) において規定している。

■　General Terms and Conditions ／一般的な条件

Article 12　General Terms and Conditions	第１２条〔一般的な条件〕
In addition to the terms and conditions set forth in this Agreement, all sales of the Products by Japanese OEM Manufacturer to Foreign OEM Purchaser shall be governed by Japanese OEM Manufacturer's General Terms and Conditions current at the time of acceptance of orders, a copy of which shall be provided with Foreign OEM Purchaser.	本契約に定められた条件に加えて、国内製造業者による外国購入者に対する本件製品の販売は、受注時の国内製造業者の販売に関する一般的な条件（以下「一般条件」という。）で外国購入者にその写しが提供されているものに従う。

解説

第１２条〔一般的な条件〕

　国内製造業者により製造された本件製品を外国購入者に販売するにあたっては、手続上細目的事項が未定の場面が生じ得る。そのような場合に、速やかな供給が国内製造業者に不利益が生じ

ない方法で遂行できるよう、本規定を設けている。

■ **Sales Promotion and Advertising ／販売促進および広告**

Article 13　Sales Promotion and Advertising

13.1　Foreign OEM Purchaser shall carry out the marketing, sales, promotion and advertising of the Products in accordance with the terms of this Agreement.

13.2　Foreign OEM Purchaser shall not use any of Japanese OEM Manufacturer's tradenames, labels, trademarks, or any other distinctive signs of Japanese OEM Manufacturer in the advertisement, promotion, or marketing of the Products and shall not hold itself out as the distributor of Japanese OEM Manufacturer's products by, without limitation, using Japanese OEM Manufacturer's tradenames, labels, trademarks, or any other distinctive signs of Japanese OEM Manufacturer in association with the Products or Foreign OEM Purchaser's own or any other tradenames, labels, trademarks, or other distinctive signs.

第13条〔販売促進および広告〕

13.1　外国購入者は、本契約の規定に従って、本件製品のマーケティング、販売促進および広告を行う。

13.2　外国購入者は、国内製造業者の商号、ラベル、商標またはその他の特殊なサイン等を本件製品の広告、販売促進またはマーケティングに使用してはならず、本件製品に関して国内製造業者、外国購入者またはその他の商号、ラベル、商標またはその他の特殊なサインを用いて国内製造業者の本件製品の販売代理店を名乗ることはできない。

解説

第13条〔販売促進および広告〕

　上記第 10 条同様外国購入者に本件製品の販売促進を図らせる趣旨である。また、本条項例は、製造物責任法制に基づく第三者に対する責任をより限定的とするため、特に製造物責任法（H6.7.1 法 85）に基づく製造物責任を負うべき「製造業者等」に国内製造業者が含まれるような表示をさせないことが必要であり、この点につき第 13.2 条で対応している。

Article 14　Information to Japanese OEM Manufacturer

14.1　(Complaints) Foreign OEM Purchaser shall submit to Japanese OEM Manufacturer all complaints relating to the Products together with all available evidence and other information relating thereto and, if available, forward to Japanese OEM Manufacturer at Foreign OEM Purchaser's expense representative samples of the Products in respect of which complaints are made together with full identification of such Products. In the event of any dispute arising between Foreign OEM Purchaser and any third party in relation to the quality or characteristics of any of the Products sold by Foreign OEM Purchaser, Foreign OEM Purchaser shall not without the consent in writing of Japanese OEM Manufacturer admit liability or do anything which might be construed as an admission of liability nor compromise or take any action in proceedings with respect to such dispute.

14.2　(Change in Laws and Regulations) Foreign OEM Purchaser shall diligently keep Japanese OEM Manufacturer informed of any changes to any applicable local,

第１４条〔国内製造業者に対する情報提供〕

14.1　（苦情）外国購入者は、本件製品に関する全ての苦情と、これに関連する入手可能な証拠およびその他の情報を、国内製造業者に対して提出し、入手可能な場合には、国内製造業者に対して苦情の対象となっている本件製品の代表的なサンプルを、外国購入者の費用で検査に出すために提供し、これと併せてかかる製品の詳細な内容を提出する。外国購入者と第三者の間で外国購入者が販売した本件製品の品質もしくは特性について争いが生じた場合、外国購入者は、国内製造業者の書面による承諾なしにその責任を認めたり、その他責任を認めたと解釈されるような行為を行ったり、和解やかかる争いに関する手続について行動をとってはならない。

14.2　（法律および規則の変更）適用される法律に変更があった場合、外国購入者は、本件製品が製造流通または販売される地域において、輸入規則、ラベル、技術使用および安全上の条件などを含む（がこれに限定されない）本件製品に関し適用されるすべての国内法令および国際法令の変更を、国内製造業者に対して詳細に報告する。また、国内製造業者に関係があるものについて、外国購入者の活動に関連のある法律および規則も報告する。

national and supra national
laws, regulations and similar
requirements in the territories
where the Products are
manufactured, distributed and
sold, with regards to, without
limitation, import regulations,
labeling, technical specifications
and safety requirements; and,
in so far as they are relevant to
Japanese OEM Manufacturer, any
laws and regulations concerning
Foreign OEM Purchaser's activity.

解説

第１４条〔国内製造業者に対する情報提供〕

　本件製品に関する第三者の訴訟提起その他の請求があった場合の責任負担については、第 17 条が詳細に規定しているが、そのような請求が不意打ちとなるのを可能な限り防止するため、本件製品に係る苦情についての情報を国内製造業者に提供する義務を、外国購入者に課している。苦情の対象となった製品のサンプルおよび詳細な内容を得ることは、後で紛争となった場合の立証活動にも資する。更に、外国購入者が本件製品にかかる責任を国内製造業者に無断で認めた場合、国内製造業者も当該責任を負担する危険が生じるため、かかる事態を防止する規定が必要である。

　第 16 条に規定するとおり、本条項例は、本件製品および製品仕様が適用される法規制に遵守することの保証責任を外国購入者に負担させているため、その実質的確保の一環として、かかる法規制に変更等があった場合の国内製造業者に対する報告義務を外国購入者に課している。

■　**Product Changes ／本件製品の変更**

Article 15　Product Changes

15.1　Either Party shall retain the right to suggest modifications to the design of the Products and the Product Specifications and the right to implement such changes with the prior written consent of the other Party.

第１５条〔本件製品の変更〕

15.1　各当事者は、本件製品のデザインおよび製品仕様についての変更を提案する権利およびかかる変更を相手方当事者の事前の書面による承諾をもって行う権利を留保する。

15.2　上記第 15.1 条の変更に関して生じたすべての知的財産権は、国内製

15.2 All intellectual property rights arising in relation to the modifications mentioned in Article 15.1 above shall be retained by Japanese OEM Manufacturer.

15.3 In the case of any modifications to the Products, Japanese OEM Manufacturer may change the Purchase Price to reflect any changes in the cost of manufacturing the Products.

造業者に帰属する。

15.3 本件製品に変更が生じた場合、国内製造業者は、本件製品のコストの変更に応じて購入価格の変更を行うことができる。

解説

第15条〔本件製品の変更〕

　OEM製品製造供給契約の場合、市場の動向その他の事情により当事者の一方が製品仕様の変更を欲する事態が生じることが想定される。しかし、契約内容は契約が一度締結されると一方当事者の意思のみで変更するのは原則としてできないため、当事者双方が自由に製品仕様を相手方当事者の事前の書面による同意を要件として、容易に変更できるようにし、且つ第6.2条と併せて当該変更に応じた購入価格の変更権を国内製造業者に留保している。

　なお、本件製品の変更、改良に基づき新たな知的財産権が生じる場合も少なくないが、この点については、本条項例は全て国内製造業者に帰属すると明記している。

■ Representations and Warranties, Covenants／表明、保証、誓約

Article 16　Representations and Warranties, Covenants

16.1 (Foreign OEM Purchaser)

(A) Foreign OEM Purchaser hereby represents, warrants and maintains and ensures that it has obtained and shall maintain in force all licenses, consents and approvals of, and registrations with, all governmental, quasi-governmental or other regulatory authorities as may be required in connection with the manufacture,

第16条〔表明、保証、誓約〕

16.1 （外国購入者）

(A) 外国購入者は、指定地域における本件製品の製造、輸入、広告、保管、マーケティング、販売、およびアフター・サービスに関して、政府、準政府、およびその他の規制当局から必要なすべての認可、承諾および承認を取得し、登録を済ませていること並びにこれを維持することを保証し、本件製品および製品仕様が本件製品が製造、販売される地域における国内法令、国際

import, advertising, storage,
marketing, sale and after-sales
service of the Products and
that the Products and Product
Specifications comply with all
applicable local and national laws
and regulations, supra national
laws, and similar requirements in
the territories where the Products
are manufactured, distributed
and sold.

(B) Foreign OEM Purchaser hereby
represents, warrants and,
maintains and ensures that
（ⅰ）it effectively, lawfully
and unconditionally owns all
intellectual property rights
including know-how, technology
and other rights pertaining
to the Products or Product
Specifications, （ⅱ）entering into
this Agreement and performing
any of the terms of this
Agreement does not breach or
conflict with any laws, regulations
or agreement to which it is a
party, （ⅲ）the manufacture,
import, advertising, storage,
marketing, sale and after-
sales service of the Products by
Japanese OEM Manufacturer or
Foreign OEM Purchaser does not
infringe any rights of any third
party, including without limitation,
any patent, trademark or other
Intellectual or industrial property

法および同様の要件に従ったもの
であることを保証し、その状態を
維持する。

(B) 外国購入者は（ⅰ）自らが本件製
品および製品仕様に関するノウハ
ウ、技術を含む知的財産権および
その他の権利を有効、適法かつ無
条件に所有しており、（ⅱ）本契約
を締結し、本契約の条項を履行す
ることは法令に違反せずまた自ら
が当事者である契約にも違反せず、
また（ⅲ）国内製造業者または外
国購入者による本件製品の製造、
輸入、広告、保管、マーケティング、
販売およびアフター・サービスが、
特許、商標もしくはその他の知的
財産権もしくは工業所有権を含む
（がこれに限定されない）第三者の
権利を侵害していないことを保証
し、その状態を維持する。

16.2 （国内製造業者）

(A) 国内製造業者は、製造している本
件製品が引渡し日現在、重大な欠
陥がなく、製品仕様に従ったもの
であることを保証する。直前の文
における表明保証を除き、国内製
造業者は本件製品について、明示、
黙示、口頭、書面のいかなる形に
おいても、また商品性や特定の目
的への適合性に限らず、いかなる
表明も保証もなさない。

(B) 国内製造業者は、いかなる場合に
おいても、本件製品の欠陥または
製品仕様に一致しないことにより
生じた直接的、間接的、特別、偶
発的または結果的損害または損失

rights.

16.2 (Japanese OEM Manufacturer)

(A) Japanese OEM Manufacturer hereby represents and warrants that the Products manufactured by it shall, as of the Delivery Date, be free from material defects and conform to the Product Specifications. Except for the warranty set forth in the preceding sentence, Japanese OEM Manufacturer disclaims all warranties, whether express or implied, oral or written, with respect to the Products, including without limitation, all implied warranties of merchantability or fitness for any particular purpose.

(B) Japanese OEM Manufacturer shall under no circumstances be liable for any direct, indirect, special, incidental or consequential damage or loss resulting from any defect in the Products or any non-compliance with the Product Specifications or any representations or warranties and Japanese OEM Manufacturer's liability shall be limited to replacement of the Product(s) containing material defect or materially incompliance with the Product Specifications pursuant to Article 11 of this Agreement.

16.3 (Survival)

All the representations and

の責任を負わない。国内製造業者の責任は本契約第11条に基づく重大な欠陥を有するかまたは製品仕様に重大に違反する本件製品の交換に限定される。

16.3 （存続）

本契約の外国購入者による表明および保証は、本契約の有効期間中毎日、その日時点の事実および状態について、外国購入者により繰り返されたものとみなされ、国内製造業者は、本契約の有効期間中、および本契約の終了後3年間（契約終了の理由には関係なく）、外国購入者の表明および保証に依拠する権利を有する。

warranties made by Foreign OEM
Purchaser in this Agreement
shall be deemed repeated by it
on each day with respect to the
facts or situations as of such date
and Japanese OEM Manufacturer
shall have the right to rely fully
upon the representations and
warranties of the Foreign OEM
Purchaser for the duration of this
Agreement as well as for a period
of three (3) years following the
termination of this Agreement,
regardless of the reason for
termination.

解説

第16条〔表明、保証、誓約〕

　第 16.1 条は、外国購入者は、実際に本件製品を販売するものとして、必要となる法令、規制を容易に認識できる立場にあるといえる。したがって、国内製造業者は本件製品が製品仕様に合致していることについて保証責任を負うも、製品仕様に従って製造されている限り、本件製品が適用される全ての法規制を遵守していることの保証責任は外国購入者が負うことを、本規定は明記している。また、国内製造業者が、本契約に基づいて供与をうける技術等について第三者と知的財産権をめぐる紛争に巻き込まれないようにするための一つの歯止めとして、外国購入者が一定の権限を有していることを表明させると共にその状態を維持させている。

　また、保証義務違反の場合における外国購入者に対する債務不履行責任の範囲については、国内製造業者の負担が過大に広がるのを回避するため、製品仕様に一致しない本件製品の交換に限定している。かかる責任範囲の限定については、実際の契約締結においては、国内製造業者の間接的、偶発的、結果的損害および逸失利益等の免責は認められても、直接的損害賠償責任については負担を求められる可能性があるだろう。

　なお、保証義務違反が契約終了後に発覚することも考えられるため、外国購入者の本保証義務は、契約終了後も 3 年間存続させている。

■　Indemnity／補償

Article 17　Indemnity	第17条〔補償〕
17.1　(Breach of Representations and	17.1　（表明、保証または誓約に対する違

Warranties or Covenants, Third Party Claims and Indemnity)

(A) Recovery of Damages from Foreign OEM Purchaser

In the event of a breach by Foreign OEM Purchaser of any of its representations or warranties or covenants as provided in Article 16.1 above, Foreign OEM Purchaser shall defend, indemnify and hold harmless Japanese OEM Manufacturer against any liabilities, damages, losses or costs, including, without limitation, expenses, attorney's fees, judgments and settlement costs, arising directly or indirectly and incurred by Japanese OEM Manufacturer in connection with any inaccuracy in, or breach of, any of the representations, warranties or covenants.

(B) Third Party Claim and Duty to Defend

Without limitation to the generality of Article 17.1(A), in the event that Japanese OEM Manufacturer (including its directors, officers, employees, representatives and agents) receives from a third party a notice of commencement of an action or assertion of a claim in relation to the Products, their manufacture, distribution or

反、第三者による請求とその補償）

(A) 外国購入者に対する損害賠償請求

外国購入者が上記第 16.1 条に規定されるその表明、保証または誓約に違反した場合、かかる外国購入者は、表明、保証または誓約の不正確性またはこれに対する違反に関連して直接的または間接的に生じ、国内製造業者が被った手数料、弁護士費用、判決および示談費用を含む（がこれに限定されない）責任、損害、損失または費用等すべてについて国内製造業者を弁護、補償し、これらが国内製造業者に及ばないようにする。

(B) 第三者による請求および弁護する義務

第 17.1 条 (A) の普遍性を制限することなく、国内製造業者（取締役、役員、従業員、代表者および代理人を含む）が、本件製品、その製造、流通または販売に関して訴訟提起または請求の通知を第三者より受領した場合、外国購入者は、国内製造業者の要請によりかかる訴訟、上訴もしくは請求について国内製造業者を弁護し、またはかかる訴訟、上訴および請求により生じるすべての費用（弁護士費用並びに判決および和解による国内製造業者の負担金を含むがこれに限定されない）を負担する。但し、国内製造業者の過失を裁判所等が認定した場合、国内製造業者はかかる過失の割合に応じ、外国購入者が負担した費用の相当部分を返済す

sale, Foreign OEM Purchaser shall, upon request from Japanese OEM Manufacturer, defend Japanese OEM Manufacturer against such claim or action and any appeal arising therefrom, or, as the case may be, bear all costs in defending against such claim or action and any appeal arising therefrom, including, without limitation, all attorney's fees, any and all judgments rendered against Japanese OEM Manufacturer and any and all settlement costs. Provided that, to the extent that Japanese OEM Manufacturer is found negligent in such action or claim by the relevant court or tribunal, Japanese OEM Manufacturer shall reimburse Foreign OEM Purchaser for the costs above in proportion to the negligence attributed to Japanese OEM Manufacturer by such court or tribunal.

(C) Duty to Inform, Cooperate

In all cases involving claims or actions by third parties, Foreign OEM Purchaser shall keep Japanese OEM Manufacturer fully informed as to the progress of the defense, and Foreign OEM Purchaser (whether or not involved in the dispute) shall make its respective employees

る。

(C) 報告、協力の義務

第三者による訴訟、請求を含むすべての場合において、外国購入者は、国内製造業者に対して、弁護の進行状況についてすべて報告し、外国購入者（争いに参加しているか否かに拘わらず）は国内製造業者に対して、訴訟の弁護もしくは和解のために必要に応じてその従業員および記録を利用できるようにする。

17.2 （製造物責任保険）

外国購入者は、その負担において、本件製品による死亡事故、傷害および財産権に対する損害等から生じた本契約期間中または契約終了後の請求について、国内製造業者を完全に補償するために、製造物責任保険を付保し、これを維持する。国内製造業者はかかる保険契約において「損失額受取人」とする。国内製造業者からの要望があれば、外国購入者は国内製造業者に対してかかる保険と保険料の支払の証拠を提出する。

17.3 （存続）

本契約の有効期間中、および本契約の終了後 3 年間、契約終了の理由如何に拘わらず、国内製造業者は外国購入者による補償に完全に依拠する権利を有する。

and records available to Japanese OEM Manufacturer as necessary to defend or settle the action or claim.

17.2 (Product Liability Insurance) Foreign OEM Purchaser shall at its costs obtain and maintain in force product liability insurance for death, personal injury and property damage in respect of the Products sufficient to fully indemnify Japanese OEM Manufacturer in respect of any claim arising whether during this Agreement or at any time after termination in respect thereof and Japanese OEM Manufacturer shall be named as "loss payee" on every such insurance policy. On request Foreign OEM Purchaser shall supply to Japanese OEM Manufacturer evidence of such insurance and the payment of premiums therefor.

17.3 (Survival) Japanese OEM Manufacturer shall have the right to rely fully upon the indemnity of Foreign OEM Purchaser for the duration of this Agreement as well as for a period of three (3) years following the termination of this Agreement, regardless of the reason for termination.

第１７条〔補償〕

　国内製造業者としては、外国購入者による第16条保証義務違反を起因として第三者から訴訟その他の請求を起こされた場合に、その責任を全て外国購入者が負担するように具体的措置を規定しておく必要がある。本条では、かかる紛争について具体的にかかる費用を当初から外国購入者に負担させると共に、その選択により弁護責任を負担させる権利を規定している。もっとも第三者が訴訟を提起した場合、場合によっては損害賠償額が莫大になり、外国購入者の資力では支払えない事態も生じるため、本件製品について、外国購入者に製造物責任保険の付保を、損失額受取人を国内製造業者とする形で義務づけた。保険について外国購入者が既に付保しているような場合には、その付保条件を確認しておく必要がある。

　また、国内製造業者としては、自己に提起された訴訟・請求以外にも本件製品に係る争いについては可能な限り認識しておくべきであり、その実質的確保手段として、外国購入者に報告を義務づけるのが重要である。

■ Confidentiality ／守秘義務

Article 18　Confidentiality	第１８条〔守秘義務〕
18.1　(Confidential Information; Survival of Obligation) In the case where a Party acquires from the other Party hereto, during the term hereof, certain information that is deemed by such disclosing Party to be secret and confidential information and, if in the form of a document or other materials (including computer discs), such information is clearly marked as such ("Confidential Information"), the receiving Party shall keep strictly secret and confidential and shall not, without the express prior written consent of the disclosing Party, disclose or divulge to any third parties or use any Confidential	18.1　（機密情報；守秘義務の存続）本契約期間中、当事者が秘密かつ機密情報と開示当事者がみなす情報で書面もしくはその他の資料（コンピュータのディスクを含む）等の形式の場合、明確に機密情報として表示のあるもの（以下「機密情報」という。）を受領する場合、受領当事者は、開示当事者の書面による事前の明確な承諾がない限り、機密情報を厳重に守秘し、本契約に関する目的以外の目的でこれを第三者に対して開示もしくは漏洩してはならず、または本契約の満了もしくは終了後いかなる目的においても使用することはできない。本条に基づく各当事者の義務は、かかる機密情報を受領または閲覧するそれぞれの役員および従業員に及ぶものとして、この目的のた

Information, at any time, for any purpose other than in relation to this Agreement or use for any purpose whatsoever at any time after expiration or termination of this Agreement. The obligations of each Party under this Article 18 shall extend to the officers, directors and employees of each Party who receive or view the Confidential Information, and for this purpose each Party shall take all reasonable precautions to ensure faithful compliance with the obligations under this Article 18.

18.2 (Limitation of Obligations) The obligations undertaken by the Parties pursuant to Article 18.1 shall not apply to any information of the type set out below, which, but for this Article 18.2, would have been designated as Confidential Information:

(A) information obtained by either Party from another Party that is or becomes published or is otherwise generally available to the public, other than as a consequence of the willful or negligent act or omission of the Party obtaining such information, or any of its employees or agents;

(B) information that is, at the time

め、各受領当事者は本条における義務の誠実な履行を確保するためすべての合理的な措置をとるものとする。

18.2 （守秘義務の制限）第18.1条に従って当事者が負う義務は、本条に規定がない限り機密情報となる下記の情報には適用されない。

(A) いずれかの当事者が相手方当事者から取得した情報で、かかる情報を取得した当事者の故意、過失または不作為の結果によらず、公表されているまたは公表された情報、または一般的に公開されている情報。

(B) 開示の時点で既に取得当事者が所有している情報で、既にその他の守秘義務の対象となっていない情報。または

(C) 第三者から合法的に取得した情報で、かかる第三者が合法的に取得した情報で、これにつき守秘義務の対象となっていない情報。

18.3 （機密情報の返還または破棄）本契約の終了時に、両当事者は本契約に関連して、相手方当事者から受領した相手方当事者が所有する機密情報を含む書類および資料（ハードコピー、電子形式およびその他の形式を含む）を直ちに返還し、かかる機密情報の所有者からの依頼により、かかる機密情報の写しがすべて消去されたことを確認する。

18.4 （差止による救済と損害）各当事者は、本契約の第18条の守秘規定に

of disclosure, already in the possession of the obtaining Party and not already subject to any obligations of confidentiality; or

(C) information lawfully obtained from a third party who has itself lawfully obtained such information and is not subject to any confidentiality obligations in respect of that information.

18.3 (Return or Destruction of Confidential Information) Upon termination of this Agreement, both Parties shall promptly return any documents and materials (both in hard-copy, electronic forms and otherwise) containing any non-proprietary Confidential Information received from the other Party in connection with this Agreement and upon request from the proprietor of such Confidential Information, shall confirm that all copies made of the Confidential Information have been destroyed.

18.4 (Injunctive Relief and Damages) Each Party acknowledges that any breach or violation by it of the confidentiality provisions of this Article 17 shall result in irreparable and continuing damage to the Party from which the Confidential Information was received, for which there may

違反した場合、結果として機密情報を提供した相手方当事者に対して修復不可能な継続的損害を与えることおよび法律による適切な救済手段がない場合があることを認識しており、各当事者は、かかる違反行為を行った場合には、相手方当事者が損害賠償および差止命令による救済を受ける権利を有することに合意する。

be no adequate remedy at law, and each Party agrees that, in the event of any such breach or violation by it, such other Party shall be entitled to both damages and injunctive relief.

解説

第18条〔守秘義務〕

　製品製造に関連して様々な情報交換が想定されるOEM製品製造供給契約においては、機密情報の守秘義務に関する規定は最も重要なものの一つである。もっとも、何が機密情報に該当するかは一般的に定義しても曖昧になるため、本条項例では、各当事者が機密情報と明示したものを対象としている。使用目的の制限については、守秘義務とは独立して別途規定を設けることも可能であるが、本条項例では、第18.1条の中で一緒に規定している。

　また、機密情報の守秘義務を実質的に確保するためには、契約当事者に加え、機密情報を実際に利用する従業員等の関係者を具体的に例示してそれらの者に守秘義務を課すことを義務づけることが必要である。場合によっては、契約書の内容まで定めてよい。

　機密情報の管理・処分については、契約継続期間のみならず、契約終了後悪用されるのを防ぐべく、その返還または廃棄を慎重に確認することが求められる。

■　Default and Termination／債務不履行と契約の終了

Article 19　Default and Termination

19.1　(Term) This Agreement shall be effective for a term of five (5) years commencing on the Effective Date hereof, and shall thereafter be automatically renewed or extended for subsequent periods of five (5) years, unless a Party hereto provides notice to the other Party six (6) months prior to the end of the then existing term of its desire to terminate this Agreement.

19.2　(Termination)

第19条〔債務不履行と契約の終了〕

19.1　（期間）本契約は発効日から５年間有効であり、その後いずれかの当事者が相手方当事者に対して当時の本契約の満了日から遅くとも６ヶ月前までに、本契約を解約することを希望している旨連絡しない限り、自動的に５年単位で更新または延長される。

19.2　（終了）

(A)　本契約の有効期間中、外国購入者が本契約の規定に違反した場合または本契約における外国購入者の表明および保証のいずれかが真実または正確ではないと判明した場

(A) In case there is any breach and/ or violation of the provisions of this Agreement by Foreign OEM Purchaser or any representations or warranties given by Foreign OEM Purchaser under this Agreement is found not to be true or correct during the effective period of this Agreement, Foreign OEM Purchaser shall first of all endeavor to settle the matter as soon and as amicably as possible to the satisfaction of Japanese OEM Manufacturer. Unless the settlement of the relevant matter is reached within thirty (30) days following notification in writing of Japanese OEM Manufacturer, Japanese OEM Manufacturer shall have the right to declare all outstanding balances of Foreign OEM Purchaser immediately due and payable, to suspend indefinitely or to cancel unconditionally whole or a party of this Agreement in writing, and the loss and damages sustained thereby shall be fully indemnified by Foreign OEM Purchaser.

(B) In case of (ⅰ) bankruptcy, insolvency, suspension of payment, receivership proceedings affecting the

合、かかる外国購入者はまず国内製造業者が納得する方法で友好的にかつ可能な限り迅速にこの問題を解決するよう努力する。国内製造業者からの書面による通知を受領してから30日以内にかかる問題を解決できない場合、国内製造業者は、外国購入者の未払債務すべてにつき期限の利益を喪失する権利、本契約を書面により無期限で中止する権利または無条件で本契約の全部または一部を解除する権利を有し、これにより被ったすべての損失および損害はかかる違反行為を行った外国購入者が補償する。

(B) 外国購入者の（ⅰ）破産、支払不能、支払停止、事業に影響のある管理手続、（ⅱ）解散、事業の全部または一部の停止、（ⅲ）議決権の25％以上を所有する株主またはその他の出資者の変更、合併、会社分割、営業譲渡を含む（がこれに限定されない）組織再編、（ⅳ）上記の（ⅰ）乃至（ⅲ）と同様の効果をもつ事態、または外国購入者発行の手形もしくは小切手が不渡りになった場合、国内製造業者は、かかる事由の発生により直ちに外国購入者の未払債務すべてにつき期限の利益を喪失する権利、本契約の全部または一部を無期限で中止する権利または終了する権利を有し、これにより相手方に対する補償義務を負うことはない。また、これにより被ったすべての損失お

operation of business, (ⅱ) dissolution or discontinuation of whole or a part of the business, (ⅲ) change of its shareholders or other equity holders having twenty five percent (25%) or more of its voting rights, corporate reorganization, including, without limitation, merger, corporate split or business transfer or (ⅳ) any event which has the similar effect of (ⅰ) through (ⅲ) above occurs to Foreign OEM Purchaser or any drafts or checks of Foreign OEM Purchaser are dishonored, Japanese OEM Manufacturer shall have the right immediately upon the occurrence of any of such events to declare all outstanding balances of Foreign OEM Purchaser immediately due and payable, to suspend indefinitely or to terminate whole or a part of this Agreement without burden on its part of any compensation therefore and in this case the loss and damages sustained thereby shall be fully indemnified by Foreign OEM Purchaser.

19.3 (No Claim by Foreign OEM Purchaser for Compensation from Termination) In the event of Termination of this Agreement in accordance with the terms

および損害はかかる違反行為を行った外国購入者が補償する。

19.3 （解約による外国購入者の損害賠償請求）本契約の規定に従って、本契約が解約された場合、その理由に拘わらず、外国購入者は、かかる解約に基づき、利益、営業権もしくは顧客の損失、または広告、販売促進マーケティング、アフター・サービス費用、雇用契約の終了または従業員の給与に関して生じた費用などの賠償を求めることはできない。

19.4 （設備および施設）いかなる契約の終了の場合でも、国内製造業者は

(A) 外国購入者の未払債務全てについて直ちに弁済を受けることができる。

(B) 第２条に規定された施設の建設または設備の設置について被った費用の支払を直ちに受けることができる。

(C) 外国購入者に対して、外国購入者の費用をもって直ちに施設内の設備を撤収することを依頼する権利を留保する。

(D) 自己の施設に設置された設備について専属的な所有権を有し本件製品を製造するために建設された施設を購入する権利を留保する。

19.5 （在庫および販売促進情報）本契約の満了または何らかの理由による解約後、国内製造業者は下記の全部または一部をその選択により行う権利を有する。

(A) 外国購入者が発注し、引渡し前の

herein ("Termination") for whatever reason, Foreign OEM Purchaser shall have no claim based on such Termination, including, without limitation, for loss of profit, goodwill, creation of clientele, advertising, promotion, marketing, or after-sales servicing costs, termination of labor or employees' salaries.

19.4 (Outstanding Balances, Equipment and Facilities) In the event of Termination at any time, Japanese OEM Manufacturer:

(A) shall be immediately paid by Foreign OEM Purchaser for all outstanding balances;

(B) shall be immediately compensated for any outstanding costs it has incurred in the construction of facilities or installation of equipment as described in Section 2 above;

(C) shall retain the right to request that Foreign OEM Purchaser immediately withdraw all equipment installed in its facilities at the expense of Foreign OEM Purchaser; and

(D) shall retain the sole and exclusive property rights in any equipment installed in any of its own facilities and the right to purchase any facilities constructed for the purposes of

本件製品の注文を取消すこと。

(B) 外国購入者が所有する販売前の本件製品の在庫を本件製品の原価に等しい価格（これに関する損害などによる金額控除後）で外国購入者から買い戻し、外国購入者が所有する本件製品の余剰在庫を当事者間で合意した価格で買い戻すこと。

(C) 外国購入者に、その費用負担で、国内製造業者が所有権を有する本件製品に関する広告、原材料、製品仕様その他のすべての資料または情報の返還を求めること。

manufacturing the Products.

19.5 (Stock and Promotional Information) Following the expiry or Termination of this Agreement for any reason whatsoever, Japanese OEM Manufacturer shall be entitled, at its option, to do all or any of the following:

(A) Cancel any orders for the Products placed with it by Foreign OEM Purchaser and not yet delivered.

(B) Repurchase unsold stock of the Products owned by Foreign OEM Purchaser at a price equal to the cost of the same to Foreign OEM Purchaser (less any deductions reasonably made by reason of any damage thereto) and repurchase obsolete stock of the Products owned by Foreign OEM Purchaser at a price agreed upon in good faith by the Parties.

(C) Call upon Foreign OEM Purchaser to return to Japanese OEM Manufacturer, at the expense of Foreign OEM Purchaser, all advertising material, specifications or other information owned by Japanese OEM Manufacturer relating to the Products in its possession.

第１９条〔債務不履行と契約の終了〕

　契約期間は、国内製造業者の立場に立てば、本件製品の製造が設備投資等を伴う関係もあり、ある程度の長期とし、更に契約期間満了後も原則更新とするのが望ましいと思われる。また、外国購入者にしても、本条項例に基づけば設備投資の金銭的負担を負っており、長期継続とするインセンティブが認められる。

　本契約では契約義務違反に加え、相手方の表明保証違反の場合にも本契約を解除できる権利を規定している。しかしながら、契約義務違反も表明保証違反も現実には、軽微なものから重大なものまで様々であり、国内製造業者も外国購入者の契約義務違反が生じた場合に常に解除を欲するとは限らないため、第 19.2 条は、直ちに国内製造業者の解除権を発生させず、外国購入者に解決措置を図るための相当期間を与えている。ただし、相手方との関係を継続しがたい重要な事項については、かかる猶予を与えることなく直ちに解約できる規定にすることも考えられる。

　また、契約義務違反ではないが、契約の継続に支障をきたす一定事由が相手方当事者に発生した場合には、契約を早期終了できるとするのが一般的である。本条項例は、第 19.2(B) において、解除権の発生および契約終了事由発生を外国購入者についてのみ規定しているが、相手方が拒否する場合、第 16.2 条の「外国購入者」とあるところを「一方当事者」、「国内製造業者」とあるところを「他方当事者」と変更して双方について相互的に規定することも考えられる。

　また、株主の変更や合併の組織再編等は競合品の取扱いなどの事業内容、経営体制、ひいては企業風土に多大な影響を及ぼすことから、特別の信頼関係を前提とする本件契約の場合には、合併等も終了事由の一環として、契約終了の選択肢に留保しておくのが望ましい。

　国内製造業者による解除権に基づく契約終了の場合、権利行使である以上外国購入者に対する損害賠償義務は発生しないが、事後的に争いが生じないよう、本規定はこの点について明記している。

　契約終了の場合の、製造施設および設備、在庫品および仕掛品並びに提供情報の処置について定めておくことは必要且つ重要である（第 19.4 条および第 19.5 条参照)。

■　**Notices ／通知**

Article 20　Notices	第２０条〔通知〕
20.1　Foreign OEM Purchaser shall promptly notify Japanese OEM Manufacturer upon the occurrence of any event provided in Article 19.2 above or any receipt from a third party of a notice of commencement of an action or assertion of a claim	20.1　外国購入者は、第 19.2 条の事由が発生した場合および第三者から本件製品またはその製造について、訴訟提起または請求の通知を受けた場合には、国内製造業者に対して速やかに通知する。
	20.2　本契約に基づきまたはこれに関連して行われる通知および義務づけ

in relation to the Products or the manufacture thereof.

20.2 All notices that are or may be required to be given pursuant to this Agreement or with respect to it shall be in writing, and shall be given or made either by personal delivery, certified mail courier service, return receipt requested, or facsimile and shall be deemed to have been given or made when personally delivered or when so deposited in the mail, or so sent by facsimile and confirmation of the same sent on the same day or following Business Day by mail, addressed to the respective Parties as follows:

(A) if to Japanese OEM Manufacturer:

_____
_____
_____

Facsimile: _____
Attention: _____

(B) if to Foreign OEM Purchaser:

_____
_____
_____

Facsimile: _____

られている通知は、書面で行うものとし、直接引渡し、引渡証明つき書留またはファックスで行うことができる。かかる通知は、下記の当事者宛に直接引き渡されたとき、投函されたときまたはファックスで送信され、同日中に受領の確認が送信されるか、次営業日に郵便で送られたときに行われたものとみなす。

(A) 国内製造業者宛：

_____
_____
_____

ファックス：_____
宛 名 人：_____

(B) 外国購入者宛：

_____
_____
_____

ファックス：_____
宛 名 人：_____

(C) いずれの当事者も相手方当事者に対して本契約の規定に従って書面で通知し、かかる通知を相手方が受領することにより上記の住所を変更することができる。

Attention: _____

(C) Either Party may change their address set forth above by giving written notice to the other Party, which shall only be effective upon the receipt of such notice by the other Party.

第２０条〔通知〕

　第 19.2 条で規定される契約終了事由および第三者から外国購入者に対する訴訟提起等の事由が発生しても、国内製造業者が認識できるとは必ずしも限らないため、かかる事由が発生した場合に国内製造業者が適切な対応ができるよう、本条項例は、第 20.1 条で外国購入者に通知義務を課している。

　さらに、第 20.2 条は、相手方当事者との間での連絡等に行き違いがないように、意思表示その他の伝達方法およびその効力発生時について規定している。発信主義を採用するのが取引上便宜に適うが、伝達方法如何に拘わらず発信した通知の受領を確認できる形にしておくべきである。

■　Arbitration ／仲裁

Article　21　Arbitration

All disputes, controversies or differences arising out of or in connection with this contract shall be finally settled by arbitration in accordance with the Commercial Arbitration Rules of The Japan Commercial Arbitration Association. The place of the arbitration shall be Tokyo, Japan.

第 21 条 〔仲裁〕

　この契約から又はこの契約に関連して生ずることがあるすべての紛争、論争又は意見の相違は、一般社団法人日本商事仲裁協会の商事仲裁規則に従って仲裁により最終的に解決されるものとする。仲裁地は東京（日本）とする。

第 21 条 〔仲裁〕

　国際取引から生じる紛争を解決するために、訴訟を提起するという方法があるが、相手国の裁判所でその国の手続法によりその国の言語で裁判をするのは、コストがかかる上に、公正な裁判が期待できない国もある。そこで、当事者双方が選任権を有する仲裁人により、合意した手続ルー

ルや言語によることができる仲裁によって紛争を解決するという方法が国際取引ではよく使われている。仲裁によれば、迅速に、それゆえに安価に紛争を解決することができ、しかも強制執行が必要となる場合にも、判決よりも仲裁判断の方が多くの国が締約国となっている条約があるためにスムーズだからである。

　仲裁条項のドラフティングでは、仲裁の対象となる紛争の範囲、仲裁機関、仲裁規則、仲裁地などを明確に規定する必要がある。この条項は、日本商事仲裁協会（JCAA）の商事仲裁規則に従って東京での仲裁より紛争解決をすると定めるものである。このような仲裁合意をしておけば、相手方が訴訟を提起してきても、その訴えの却下をもとめることができる。詳しくは「III. 仲裁条項のドラフティング」参照。

■ Miscellaneous ／雑則

Article 22　Miscellaneous

22.1 (Successors and Assigns) This Agreement shall inure to the benefit of and be binding upon the Parties and their respective permitted successors; unless otherwise provided herein, nothing in this Agreement, expressed or implied, is intended to confer on any person other than the Parties or their respective permitted successors as are notified to the other Parties, any rights, remedies, obligations or 1iabilities under or by reason of this Agreement. Neither Party shall assign its respective rights and obligations hereunder without the prior express written consent of the other Party.

22.2 (No Waiver) No failure by any Party to insist upon strict compliance by the other Party with any of the terms,

第２２条〔雑則〕

22.1 （後継者と譲受人）本契約は、当事者とその承認された後継者の利益に帰し、これらを拘束する。本契約に別段の規定がない限り、本契約の規定は本契約の当事者または相手方当事者に対して通知してあるその他の承認された後継者以外の者に対して権利、救済、義務または責任を、本契約に基づき、またはこれを理由として明示的または暗示的に授与するものではない。各当事者は、相手方当事者の書面による明示的な承諾なしに、本契約に基づく権利および義務を譲渡することはできない。

22.2 （権利不放棄）いずれかの当事者が相手方当事者に対して本契約の条件、規定または条項の厳守を要求しないことにより、将来、かかる条項等の厳守を要求しないという権利放棄と解釈することはできない。

22.3 （有効性）本契約の一部が管轄権を有する裁判所またはその他かかる

provisions or conditions of this Agreement in any instance shall be construed as a waiver or relinquishment by such Party to insist upon strict compliance in the future.

22.3 (Validity) If any part of this Agreement is determined to be void, voidable, invalid, inoperative or unenforceable by a court of competent jurisdiction or by any other legally constituted body having jurisdiction to make such determination, to the extent permitted by law, the remainder of this Agreement shall continue in full force and effect. In such case, the Parties shall negotiate in good faith on how to treat the subject-matter dealt with by those parts of the Agreement determined to be void, voidable, invalid, inoperative or unenforceable.

22.4 (Headings) The headings to the clauses in this Agreement are for convenience only and are not to be deemed a part of this Agreement or relied upon in the construction or interpretation hereof.

22.5 (Counterparts) This Agreement may be executed in counterparts, each of which shall be deemed an original,

決定を行うことのできる合法的に設立された組織により無効、無効にすることができる、効力がない、効果がない、適用不能または執行不能と認定された場合、法律で許される範囲内において、本契約の残りの部分は効力を有し続ける。かかる場合、両当事者は、効力がない、効果がない、適用不能または執行不能とされた部分の事項の取扱いについて誠実に協議する。

22.4 （表題）本契約の条項の表題は便宜上のものであり、本契約の一部とはみなさず、これを解釈するにあたって依拠してはならない。

22.5 （副本）本契約は複数の副本で署名することができ、各副本は原本とみなすが、すべての副本を合わせて、一つの文書を構成する。

22.6 （連絡）本契約の原本は英語と日本語両方とし、争いが生じた場合には日本語版に従う。書面か否かに拘わらず、本契約に関する当事者間のすべての連絡は日本語で行うこととし、法律で別段の規定がある場合を除き、日本語以外の連絡には和訳を添付する。

22.7 （当事者間の協力）当事者は、本契約および本契約において言及するその他の契約のすべての条件、規定および目的を発効させ、実行するため、相手方当事者により合理的に要求される、または本契約の条項に従ったすべての行為、事項を行い、証書または文書に署名捺印し、支配下にあるすべての第三

but all of which together shall constitute one and the same document.

22.6 (Communications) The original version of this Agreement shall be in both the English and Japanese languages, and, in the case of conflict, the Japanese version shall be deemed controlling. All communications, written or otherwise, in connection with this Agreement between the Parties shall be conducted in the Japanese language, unless otherwise required by law, in which case such non-Japanese language communication shall be accompanied by a Japanese language translation thereof.

22.7 (Cooperation of Parties) The Parties shall do all acts and things and shall execute and seal any and all instruments and documents reasonably required by any of the other Parties or by the terms of this Agreement to effectuate and implement any or all terms, provisions and purposes hereof or of any agreement referred to herein and the Parties shall procure that all third parties under their control shall do likewise.

22.8 (Force Majeure) In the event that either party shall be

者も同じくこれを行うよう手配する。

22.8 （不可抗力）いずれかの当事者が現在または今後有効となる政府の配分、優先、規制もしくは規則、洪水、火災、地震もしくはその他の天災、戦争、騒乱、暴動、その他の市民騒動、ストライキ、ロックアウト、原料もしくは製造施設の不足、交通手段の不足またはかかる当事者の合理的な支配を超えるその他の偶発事象により本契約に基づく行為の履行が遅れたり、これが不可能となった場合には、かかる当事者は相手方当事者に対してかかる遅れもしくは妨害の結果として相手方当事者に生じた損害を賠償する義務を負わない。

22.9 （変更）本契約の補完、変更もしくは改正は（a）当事者により書面で行われ、（b）本条を具体的に参照している場合に限り、拘束力を有する。

22.10 （相互関係）本契約において本契約期間中の外国購入者と国内製造業者の間に設立された関係は、売主と買主の関係であり、本契約に明示的に定められている場合を除き、いずれの当事者もいかなる目的においても、相手方の代理人もしくは代表者とはならない。

22.11 （準拠法）本契約は、[国際物品売買に関する国連条約を除き、] 日本法に準拠し、これに従い解釈する。

delayed in or prevented from performing any act required under this Agreement by reason of governmental allocations, priorities, restrictions or regulations now or hereafter in effect, flood, fire, earthquake or other Acts of God, war, riot, insurrection or other civil disturbance, strikes, lockouts, shortages of raw materials or production facilities, transportation shortages or any other contingencies beyond such party's reasonable control, such party shall not be liable to the other party for damages incurred as a result of any such delay or prevention.

22.9 (Amendments) Any supplement, modification or amendment of this Agreement shall only be binding if: (a) it is executed in writing by the Parties hereto and (b) makes specific reference to this Section.

22.10 (Privity) The relationship hereby established between Japanese OEM Manufacturer and Foreign OEM Purchaser during the effective period of this Agreement shall be solely that of seller and buyer, and except as may be expressly provided herein, neither Party shall be in any way construed as acting

as the agent or representative
of the other for any purpose
whatsoever.
22.11 (Governing Law) This
Agreement shall be governed
by and construed in accordance
with the laws of Japan
[, excluding the United Nations
Convention on Contracts for the
International Sale of Goods].

解説

第22条〔雑則〕

22.1（後継者と譲受人）

　　　　本条項例において、外国購入者は、国内製造業者に製造方法の開示等も含め重要な情報を提供しており、他方国内製造業者も、本件製品に沿う製造設備を備えており、本条項例は、当事者間の特別な信頼関係を前提として締結されている。したがって、各当事者が本条項例に基づく権利義務関係の全部または一部を自由に譲渡することは明示的に禁止することが必要である。

22.2（権利不放棄）

　　　　契約違反に対して、それが重大なものである場合には黙認することはないだろうが、軽微なものは見逃すこともある。そのような場合、当該黙認が契約の変更であると解釈されるのを防止し、　以後の同様の契約違反は責任を追及できることを明確にするため、本条項を設けている。

22.3（有効性）

　　　　契約の一部が法令違反その他の事情により無効となった場合に、残余の契約の効力を同時に無効とするか否かについて、残余の効力に影響はない旨定めた規定である。なお、無効となった規定について単に当事者の協議によるものとし、契約締結当初の趣旨を生かす旨の留保を付けなかったのは、無効となった経緯如何で契約締結当初の趣旨を生かすのが必ずしも適切とは限らないからである。

22.4（表題）

　　　　契約書においては、本条項例のように、便宜上条項に見出しをつけることが多いが、かかる見出しが内容の解釈に用いられることのないよう、あくまで便宜上のものに過ぎず、当事者を拘束するものでないことを確認しておくことが望まれる。

22.5（副本）

　　　　契約書は、各当事者が署名した原本をそれぞれ所持しているのが望ましいため、設けた

規定である。

22.6（連絡）

　　国際的な契約においては、契約締結、作成の段階で複数の言語が用いられることが少なくないが、その場合、翻訳の過程等で文言の解釈が生じるおそれがあり、その内容について完全なる同一性を確保することは困難である。したがって、本条項例では、日本語の契約書により契約の解釈が行われることおよび通常の連絡も日本語で基本的に行うことを規定している。もっとも、相手方の対応能力、コスト等の観点から、英語等による連絡を認めるのはもちろん自由である。

22.7（当事者間の協力）

　　第22.10条の解説参照

22.8（不可抗力）

　　契約に定められている義務の履行が、当事者の故意または過失ではなく、当事者の制御できないような外部的事由（不可抗力事由）により妨げられることがある。このような不可抗力事由に起因する義務の不履行について、その当事者は免責される。どのような事由を不可抗力事由とするかについては、契約の性質および内容を考慮して相対的に決定されるべきであるが、契約書作成に当たってはいかなる事由を不可抗力事由とするかについてできるだけ具体的に例示しておくことが望ましい。実際に発生した事由の不可抗力事由該当性については、当事者間で合意に達しない場合、本条項例では仲裁の判断に委ねられることになる。なお、不可抗力による免責が認められるために、相手方が極端に不利な立場に立たされることもあるので、衡平の見地からその後の措置について取り決めておくことも意義がある。

22.9（変更）

　　契約内容はできるだけ確定的であることが望ましいが、他方事情の変更により変更の必要が生じることもある。そのような場合に、一方当事者の事情で容易に変更できるのであれば、慎重に最初の契約書を作成した意味が失われてしまう。したがって、契約の変更も当初の契約書作成段階と同程度の慎重さを求め、当事者間の協議に基づき書面で行うことが必要である。

22.10（相互関係）

　　契約における当事者間の立場を明確にした規定である。契約当事者は、あくまで、本条項例に基づく権利義務を相互に負う関係にあるのみであって、これを超えて代理関係等を発生させていないことを確認している。また、本条項例に基づく権利義務関係について、当事者として合理的に責任を果たすことは、第22.7条で規定されている。

22.11（準拠法）

　　契約当事者の国籍が異なるなど、契約の要素が複数の法域（国を含む）にまたがる場合、当該契約をどこの法域の法律を適用し、解釈するべきかが問題となる。契約の準拠法については、当事者自治の原則に委ねる法域が一般的であることから、契約においては準拠法を明示することが求められる。

<ウィーン売買条約>

国際的な物品の売買契約については、「国際物品売買契約に関する国連条約」（ウィーン売買条約）が日本についても効力を発生している。この条約の特徴は、明示的に排除しない限り自動的に適用され、国内法に優先することである。

きわめておおまかに言うと、契約書でいろいろな事項を細かく定めてウィーン売買条約の適用を排除するという選択肢と、逆に契約書は結ばずに全面的にウィーン売買条約のみに従うという選択肢があり得ると思われる。

ウィーン売買条約の適用を排除するのであれば、例文中の [　　] で示したような文言を入れるのがよい。

■　末尾文言および署名欄

IN WITNESS WHEREOF, the Parties have executed this Agreement in ____, Japan, as of the date first above written.

FOREIGN OEM PURCHASER

By : _____

Name : _____

Title : _____

　　　　_____

JAPANESE OEM MANUFACTURER

By : _____

Name : _____

Title : _____

　　　　_____

上記を証して、当事者は本契約を日本国 ____ において冒頭の日付に締結した。

外国購入者

署名：

氏名：

役職名：

国内製造業者

署名：

氏名：

役職名：

解説

末尾文言および署名欄

本条項例が両当事者の正当な代表者、正当に授権された者によって署名され、成立したことの宣言文である。署名は、体表権を有する者または代表者からの委任のある者が行う必要がある。署名に際しては、署名権限の有無を確認する意味でも署名者の姓名と共に同人の肩書をも明確に表示しておくべきである。

EXHIBIT 1
Products

別紙 1
本件製品

EXHIBIT 2

Product Specifications

別紙2

製品仕様

EXHIBIT 3
Purchase Price

別紙 3
購入価格

EXHIBIT 4
Provision of Know-How, Technology and Instruction

別紙４
ノウハウ、技術および指示の提供

EXHIBIT 5
Order Form /Acceptance of Order Form

別紙5
発注書／発注請書様式

EXHIIBIT 6
Minimum Purchase Guarantee

別紙6
最低購入保証

III. 仲裁条項のドラフティング

１．仲裁とは

（１）法制度としての仲裁

　一般に、仲裁とは「争いの間に入り、両者を取りなし仲直りをさせること」との意味で使われることが多いが、法制度としての仲裁は、紛争当事者間の合意により仲裁人が紛争解決をするものである。分かりやすく言えば、仲裁は法律で認められた私設の裁判である。

　仲裁は、当事者の合意、すなわち、仲裁合意がその根幹である。仲裁合意とは、当事者が紛争の解決を第三者の判断に委ね、その判断に従う旨の合意である。仲裁合意において様々なことを決めておくことはできるものの、細かく合意事項を定めることは煩雑であるので、日本商事仲裁協会（JCAA）のような仲裁機関の仲裁規則によることを定めておくのが普通である。通常、契約書中に仲裁条項として定めておく。仲裁合意があるにもかかわらず、一方の当事者が裁判所に提訴した場合には、他方の当事者が仲裁合意の存在を主張すれば（妨訴抗弁）、裁判所はその訴えを却下することになる。

　仲裁において、裁判官の役割を果たす第三者を仲裁人という。当事者が裁判官を選ぶことはできないが、仲裁人は当事者が合意により選ぶことができる。1名の仲裁人とすることを合意していて、その選任について合意できなければ、仲裁条項において指定している仲裁機関の規則により、その仲裁機関が決定をする。例えば、JCAAの「商事仲裁規則」や「インタラクティヴ仲裁規則」では、3名の仲裁人とすることを合意している場合には、各当事者が1名の仲裁人を選任し、そうして選任された2名の仲裁人が最後の1名を選任する。この合意ができない場合にもJCAAが決定することになる。仲裁人は、当事者の一方が、仲裁手続を無視して何ら対応しない場合でも、仲裁手続を進めることができ、仲裁判断を下すことができる。

　仲裁判断は、確定判決と同一の効力があり、相手方が任意に履行しない場合は、裁判所により強制執行してもらうことができる。

（２）仲裁の特長

（a）国際性

　仲裁法によれば、仲裁判断には、確定判決と同一の効力が認められている。判決の場合には、外国で日本の裁判所の判決の効力が認められるかどうかはその外国の法律次第であるが、仲裁判断の場合には、他の締約国においてされた仲裁判断を一定の要件のもとに承認し、これに基づき強制執行すること約束した「外国仲裁判断の承認および執行に関する条約」（ニューヨーク条約）がある。現在、ニューヨーク条約の締約国は160カ国以上であり、ほぼすべての国が締約国になっているということができる。

　なお、非締約国のうち、わが国と取引の多い国として台湾がある。しかし、台湾は自国の仲裁法においてニューヨーク条約と同様の要件を定めている。

（b）中立性

　仲裁は、手続および判断の中立性を確保することができる。異なる国の当事者の間の取引をめぐる紛争を、一方当事者の国の裁判所によって解決することは、手続法や言語などの違い、さらには適切な弁護士の選任や管理ができないといったことなどから、他方当事者にとって不利である。また、腐敗した裁判官がいる国もある。この点、仲裁は当事者間の合意に基づく紛争解決制度であり、仲裁人の選任、手続言語、手続の進め方などについて、広く当事者の合意によることが認められている。例えば、中国企業と日本企業と間の紛争であっても、英語により、第三国籍の仲裁人による仲裁によって解決することもできる。

（c）手続の柔軟性

　訴訟では、手続のルールは訴訟法に定められており、これを変更することは認められない。他方、仲裁は当事者の合意を基礎にするものであり、当事者が合意により手続の進め方を決めることができる。たとえば、紛争解決期間を 6 カ月と限定して、その期間内に仲裁判断を下すことを仲裁人に求めることや、手続のすべてを書面やテレビ会議によってのみ行うことも可能である。

（d）非公開性

　訴訟では、一般に手続が公開される。わが国では、憲法 82 条 1 項は「裁判の対審及び判決は、公開法廷でこれを行ふ。」と規定している。他方、例えば JCAA 仲裁の場合、仲裁を行っていることや仲裁判断の内容について仲裁人も当事者も守秘義務を負っているので、業界の他社に知られることはない。

（e）迅速性

　訴訟は三審制であり、最高裁まで争われると数年はかかる。これに対し、仲裁では、仲裁判断が下されれば、これに対する上訴はできないので、訴訟と比べると迅速に紛争解決を得ることができる。

２．仲裁条項のヒント

　当事者は、仲裁法の公の秩序に関する規定に反しない限り、どのように仲裁手続を行うかを自由に決めることができる。仲裁には仲裁機関を利用して仲裁手続を行う「機関仲裁」と仲裁機関を利用しないで当事者のみで仲裁手続を行う「アド・ホック仲裁」の 2 つがあるところ、「アド・ホック仲裁」では、現実にうまく仲裁手続が進まないだけでなく、仲裁合意が一応存在するために訴訟ができないという八方塞がりになったケースもある。仲裁に不慣れな場合には、JCAA のような仲裁機関を利用した「機関仲裁」が安全である。

　機関仲裁を利用する場合の仲裁条項のドラフティングでは、利用する規則を特定するだけを定めることもあるが、これに加えて、具体的な手続の方法、仲裁人の資格・数、仲裁手続の言語、手続費用の負担などの定めを盛り込むこともある。以下では、様々な仲裁条項の具体例をあげ、それぞれの特長について考える。

（1）JCAA の 3 つの仲裁規則に基づく仲裁条項

　JCAA では、（a）商事仲裁規則、（b）インタラクティヴ仲裁規則、（c）UNCITRAL 仲裁規則、以上 3 つの仲裁規則に基づく仲裁を提供している。これらの仲裁規則はそれぞれに特長を有し、当事者はその中からふさわしい規則を選択することができる。これらの仲裁規則は JCAA のウェブサイト（http://www.jcaa.or.jp/）からダウンロードが可能である。

（a）商事仲裁規則によって仲裁を行う場合の仲裁条項例

All disputes, controversies or differences arising out of or in connection with this Agreement shall be finally settled by arbitration in accordance with the Commercial Arbitration Rules of The Japan Commercial Arbitration Association. The place of the arbitration shall be Tokyo, Japan.	この契約から又はこの契約に関連して生ずることがあるすべての紛争、論争又は意見の相違は、一般社団法人日本商事仲裁協会の商事仲裁規則に従って仲裁により最終的に解決されるものとする。仲裁地は東京（日本）とする。

解説

　商事仲裁規則【日本語・英語】は、UNCITRAL 仲裁規則の規定を基礎にし、その上で、最新の国際実務を反映した規定を備え、かつ、実務上争いが生じ得る論点についてきめ細やかに対応した仲裁規則である。特長的な規定は、以下のとおりである。

- 迅速仲裁手続に関する規定
- 緊急仲裁人による保全措置命令に関する規定
- 複数の契約から生ずる紛争を 1 つの仲裁手続で解決することに関する規定
- 多数当事者が関与する紛争を 1 つの仲裁手続で解決することに関する規定
- 仲裁手続中の調停に関する規定
- 仲裁人による補助者の利用に関する規定
- 第三仲裁人の選任について当事者選任仲裁人が一方当事者の意見を個別に聴く場合に関する規定
- 少数意見の公表の禁止に関する規定

（b）インタラクティヴ仲裁規則によって仲裁を行う場合の仲裁条項例

All disputes, controversies or differences arising out of or in connection with this Agreement shall	この契約から又はこの契約に関連して生ずることがあるすべての紛争、論争又は意見の相違は、一般社団法人日本商事仲裁協

be finally settled by arbitration in in accordance with the Interactive Arbitration Rules of The Japan Commercial Arbitration Association. The place of the arbitration shall be Tokyo, Japan.	会のインタラクティヴ仲裁規則 に従って仲裁により最終的に解決されるものとする。仲裁地は東京（日本）とする。

解説

インタラクティヴ仲裁規則【日本語・英語】は、商事仲裁規則と共通する規定を有しつつ、その上で、仲裁廷が争点の明確化に積極的に関与し、かつ、当事者が主張立証活動を効率的・効果的に行うことができるようにするための工夫として、以下のような特長的な規定を置いている。

- 仲裁廷は、手続の出来るだけ早い段階で、当事者に対し、当事者の主張の整理及び暫定的な争点について書面で提示し、当事者の意見を求めなければならない。
- 仲裁廷は、遅くとも証人尋問の要否について決定をする前に、当事者に対し、重要な争点に関する暫定的な見解を書面で提示しなければならない。

(c) UNCITRAL 仲裁規則＋ UNCITRAL 仲裁管理規則によって仲裁を行う場合の仲裁条項例

All disputes, controversies or differences arising out of or in connection with this Agreement shall be finally settled by arbitration in accordance with the UNCITRAL Arbitration Rules supplemented by the Administrative Rules for UNCITRAL Arbitration of The Japan Commercial Arbitration Association. The place of the arbitration shall be Tokyo, Japan.

解説

UNCITRAL 仲裁規則（＋ UNCITRAL 仲裁管理規則）【英語のみ】には、以下の特長がある。

- 国際連合国際商取引委員会（UNCITRAL）が作成した仲裁規則である。
- 仲裁手続を円滑に行う上で最低限必要なルールを規定している。
- UNCITRAL 仲裁管理規則は、UNCITRAL 仲裁規則に基づき JCAA が事務局として仲裁手続の初めから終りまでサポートをする上で必要な事項について定めたものであり、UNCITRAL 仲裁規則を補完するものである。

(2) 機関仲裁条項（仲裁機関を指定する仲裁条項）

All disputes, controversies or differences arising out of or in	この契約から又はこの契約に関連して生ずることがあるすべての紛争、論争又は意

connection with this Agreement shall be finally settled by arbitration in accordance with the Commercial Arbitration Rules of <u>The Japan Commercial Arbitration Association</u>. The place of the arbitration shall be Tokyo, Japan.	見の相違は、<u>一般社団法人日本商事仲裁協会の商事仲裁規則</u>に従って仲裁により最終的に解決されるものとする。仲裁地は東京（日本）とする。

解説

　仲裁には仲裁機関を利用して仲裁手続を行う「機関仲裁」と仲裁機関を利用しないで当事者のみで仲裁手続を行う「アド・ホック仲裁」の２つがあるが、「機関仲裁」を選択する場合、どのような仲裁機関を利用すべきかが問題となる。

　仲裁というのは、仲裁条項を含む契約を締結した後、実際に仲裁を利用するのは数年後、数十年後のことになる。JCAA の仲裁事件でも、10 年、20 年前に締結した契約に基づいて仲裁申立てがなされることは、決して珍しいことではない。したがって、仲裁機関の選択においては、仲裁機関の存続性というものがとても重要な要素である。契約締結時に存在していたとしても、実際に紛争が生じて仲裁を申し立てようと思ったら、仲裁機関が無くなっていれば、仲裁での紛争解決手段が失われてしまう。仲裁機関はウイスキーの醸造メーカーのようなもので、よいウイスキーを仕込んでもそれが現実に利益を生むまでには一定の期間を要するため、その一定期間を生き延びる必要があり、資金不足で消滅してしまうおそれがある。

　近年、国際仲裁の発展に伴って、各国で次々に新しい仲裁機関が設立されているが、特に、新しい仲裁機関の場合には、安易に選択するようなことはせず、その存続性について調査する必要がある。この点、JCAA は、1950 年に日本商工会議所の国際商事仲裁委員会として設置されて以降、半世紀以上にわたる歴史を有し、財政基盤も数多くの会員の支援と他事業からの収益によって安定しており、さらに何よりカントリーリスクのない日本の仲裁機関であるので、その存続性にいささかの問題もない。

（3）仲裁規則を規定する仲裁条項

All disputes, controversies or differences arising out of or in connection with this Agreement shall be finally settled by arbitration in accordance with <u>the Interactive Arbitration Rules</u> of the Japan Commercial Arbitration Association.	この契約から又はこの契約に関連して生ずることがあるすべての紛争、論争又は意見の相違は、一般社団法人日本商事仲裁協会の<u>インタラクティヴ仲裁規則</u>に従って仲裁により最終的に解決されるものとする。

仲裁は当事者自治を基本とする紛争解決方法である。当事者は、仲裁法の公の秩序に関する規定に反しない限り、どのように仲裁手続を行うかを自由に決めることができる。したがって、当事者が仲裁手続の一つ一つについて検討し決めても良いが、実際にそのようなことをすることは大変面倒であるし、そもそも仲裁手続に不慣れな当事者にとっては、とても難しいことである。そこで、手続管理の専門機関である仲裁機関が、仲裁手続を行うためにドラフトした手続準則の「セット」を利用することになる。これが仲裁規則である。仲裁規則は、仲裁手続の細部に至るまで検討して、円滑にかつ実効的な紛争解決を実現するための様々な事項を定めたものであり、これを契約で採用することによって、当事者の合意内容になるので、個々の事項についての交渉の手間を省くことができる。

とはいえ、特定の仲裁規則による仲裁を定める条項を契約に盛り込むということは、その仲裁規則が定めている内容のすべてを合意するということを意味するので、本来は仲裁規則の内容を事前にチェックして、万一紛争が発生した場合に自分の側にとって不都合はないのか、有利なのかを検討する必要がある。しかし、実際のところ、法務担当者であっても、仲裁の経験が豊富な方は滅多にいないので、仲裁規則を読んでみても、どのような状況が生じる可能性があるのか、その際にその規定はどのように作用するのかを評価することは難しい。そのような場合であっても、少なくとも、①仲裁人の選任手続の規定、②仲裁地を定める規定、③手続言語を定める規定、④仲裁人報償金や管理料金を定める規定、以上4つの規定については必ず確認する必要がある。

上記の仲裁条項では、JCAAの「インタラクティヴ仲裁規則」が規定されている。インタラクティヴ仲裁規則は、仲裁廷が争点の明確化に積極的に関与することによって、当事者が主張立証活動を効率的に行うことができるよう工夫された仲裁規則である。上記の4つの点については、次のとおりになっている。

①の仲裁人選任は当事者自治が原則であり、決められない場合にはJCAAが定めることになっている。②の仲裁地について当事者間の合意がない場合には、申立人が仲裁申立書を提出したJCAAの事務所の所在地(東京、横浜、名古屋、大阪、神戸)が仲裁地となる。③の手続言語について当事者が合意できない場合には、仲裁廷が契約書の言語や通訳・翻訳の要否やその費用等を勘案して決定するとされている。④のうち、仲裁人報償金については、請求額に応じた定額制が採用されている点に特徴がある。たとえば、請求額が5000万円以上1億円未満で、仲裁人1名の場合には、200万円であるので、予め紛争解決コストの計算が可能となる。

仲裁条項は「真夜中の条項」(midnight clauses)の一つとされ、契約交渉の最終段階で、十分検討されることなくドラフトされることもあるが、いざ紛争が発生したときになってから適用される仲裁規則を読んで、遠隔地での仲裁を強いられるといった不利を悟ることがないように、事前のチェックを怠らないようにしなければならない。

(4)「商事仲裁規則」の迅速仲裁手続によって仲裁を行う場合の仲裁条項

<table>
<tr>
<td>

All disputes, controversies or differences arising out of or in connection with this Agreement shall be finally settled by arbitration in accordance with <u>the expedited arbitration procedures of the Commercial Arbitration Rules</u> of The Japan Commercial Arbitration Association. The place of the arbitration shall be Tokyo, Japan.

</td>
<td>

　この契約から又はこの契約に関連して生ずることがあるすべての紛争、論争又は意見の相違は、一般社団法人日本商事仲裁協会の商事仲裁規則の迅速仲裁手続に従って仲裁により最終的に解決されるものとする。仲裁地は東京（日本）とする。

</td>
</tr>
</table>

解説

　商事仲裁規則第2編に定める迅速仲裁手続によって仲裁を行う場合の仲裁条項である。迅速仲裁手続は、原則、5,000万円未満の紛争を処理するために使われる仲裁手続である。仲裁人は1人で、仲裁廷の成立日から3か月以内に仲裁判断をするよう努めることとされている。一般に小額紛争に利用される手続であるが、高額紛争であっても、例えば、金銭消費貸借契約に関連する紛争など、主張・立証が比較的容易な事件にも適していると思われる。

(5) 仲裁人の要件や数を規定する仲裁条項

<table>
<tr>
<td>

All disputes, controversies or differences arising out of or in connection with this Agreement shall be finally settled by arbitration in accordance with the Commercial Arbitration Rules of The Japan Commercial Arbitration Association. The place of the arbitration shall be Tokyo, Japan. <u>(i) The arbitrator shall be in possession of qualification of a lawyer in Japan.</u> <u>(ii) The number of the arbitrators shall be（　）.</u>

</td>
<td>

　この契約から又はこの契約に関連して生ずることがあるすべての紛争、論争又は意見の相違は、一般社団法人日本商事仲裁協会の商事仲裁規則に従って仲裁により最終的に解決されるものとする。仲裁地は東京（日本）とする。<u>(i) 仲裁人は日本の弁護士資格を有する者とする。</u><u>(ii) 仲裁人の数は、（　）人とする。</u>

</td>
</tr>
</table>

解説

(i)　仲裁人の要件

　当事者は仲裁条項において仲裁人の要件を自由に定めることができるが、現実的に選任が可能な要件を規定する必要がある。極端な例として、JCAAは、過去に、①フランスの弁護士資格を有し、②日本語で仲裁手続を行うことができ、③国際的な建設紛争に10年以上の経験がある者、という要件を定めてもよいかとの問い合わせを受けたことがある。もちろん、これらの条件を仲裁人の要件として定めることは可能であるが、現実的に、これらすべての要件を満たす仲裁人を探すことは極めて困難であると思われる。日本の仲裁法18条1項1号は、当事者の合意により定められた仲裁人の要件を具備しないことを忌避の原因として挙げている。特別の要件を仲裁条項に盛り込む際は、実際に機能するか否かをよく検討しなければならない。

(ii)　仲裁人の数

　一般に、仲裁実務では、仲裁人の意見が分かれて手続が行き詰まらないようにするために、1人又は3人とされ、3人の場合には両当事者が各1名を選任し、そうして選任された2名の仲裁人が3人目の仲裁人を選任することとされている。仲裁人の数は、当事者の合意によって定めることができるため、仲裁条項のドラフティングの際に、仲裁人の数を予め規定するか否か、規定する場合には何人と規定するかが問題となる。

　一見すると、1人より3人のほうが、より慎重な判断を期待することができ、何より、自ら選任した仲裁人を仲裁廷の中に送り込むことできるのでよさそうに思われる。しかし他方で、単純に3倍の仲裁人報償金及び仲裁人経費を要する。手続期間についても、各仲裁人の都合の調整や合議の時間がかかるため、単独仲裁人による仲裁手続より、長い期間がかかる。

　仲裁人の数を決める上で、もっとも重要なことは、発生し得る紛争の規模と複雑さの予測である。JCAA仲裁では、過去に、2000万円〜3000万円程度の請求金額の単純な事件で、仲裁条項に仲裁人の数が3人と規定されていたため、3人で仲裁廷を構成し、手続を実施した例がある。この事件では仲裁人の数は1人で十分であったと思われる。また、仲裁条項に仲裁人の数が3人と規定されている場合であって、迅速仲裁手続による旨の規定がないときには、紛争金額が5000万円未満の小額紛争であっても、商事仲裁規則84条1項ただし書により、迅速仲裁手続が適用されなくなる。

　高額で複雑な紛争の発生が予想されるということであれば、仲裁人の数を3人と定める仲裁条項とすることでもよいが、そのような予測が立たない場合には、仲裁人の数は規定しないほうがよい。当事者間に仲裁人の数について合意がない場合には、商事仲裁規則26条1項により、その数は1人となる。これは、当事者が2人の場合であって仲裁人の数について合意ができないときは、仲裁人の数は3人とすると定める仲裁法16条2項の適用を排除する合意として有効である。そして、商事仲裁規則26条3項により、いずれの当事者も、被申立人が仲裁申立ての通知を受領した日から4週間以内に、JCAAに対し、仲裁人の数を3人とすることを書面により求めることができ、この場合において、JCAAは紛争の金額、事件の難易その他の事情を考慮し、これを適当と認めたときは、仲裁人は3人とすることができる。

したがって、契約から発生する紛争の規模と複雑さの予測が困難な場合には、仲裁人の数は定めず、その数の決定を JCAA にお任せいただくことをお勧めする。

（6）仲裁手続の言語を規定する仲裁条項

All disputes, controversies or differences arising out of or in connection with this Agreement shall be finally settled by arbitration in accordance with the Commercial Arbitration Rules of The Japan Commercial Arbitration Association. The place of the arbitration shall be Tokyo, Japan. <u>The arbitral proceedings shall be conducted in Japanese.</u>	この契約から又はこの契約に関連して生ずることがあるすべての紛争、論争又は意見の相違は、一般社団法人日本商事仲裁協会の商事仲裁規則に従って仲裁により最終的に解決されるものとする。仲裁地は東京（日本）とする。<u>仲裁手続は日本語によって行なう。</u>

解説

当事者は仲裁手続の言語（以下「手続言語」）を自由に定めることができる。例えば、「商事仲裁規則」や「インタラクティヴ仲裁規則」に基づく仲裁手続では、当事者間に、手続言語を定める合意がない場合には、仲裁廷が手続言語を決定する。仲裁廷は、手続言語の決定に当たり、仲裁合意を規定する契約書の言語、通訳及び翻訳の要否並びにその費用その他の関連する事情を考慮しなければならないとされている。一般に、国際契約書は英語で作成されていることが多く、その結果、手続言語の合意がない場合には、英語が手続言語となっている。日本企業にとって、英語で手続を実施することは負担が大きいため、日本語で仲裁手続を行ないたい場合には、予めその旨を仲裁条項に定めておく必要がある。

仲裁条項で、たとえば「仲裁手続は英語及び日本語による。」といったように、複数の仲裁手続の言語を規定することもできる。しかし、これは実務的には問題が発生しやすく、費用や労力も大きい。というのは、上記の条項例によれば、日本語だけで書面を提出することができるのか、それとも日本語と英語の両方の言語で書面を提出しなければならないのかが定かではないからである。仮に、日本語の書面だけで、よいとされる場合であっても、仲裁廷の中に英語しか理解できない仲裁人がいる場合には、結局、英語の書面も提出せざるを得なくなる。したがって、日本語と英語のいずれの言語でも手続を行なえるようにするためには、仲裁人は両方の言語を問題なく使いこなせることを要件とするといった定めもしておくのが望ましいということになる。たとえば、次のような条項である。

The arbitral proceedings shall be conducted in Japanese or English.	仲裁手続の言語は日本語又は英語によって行なう。仲裁人は、日本語および英語で

The Arbitrator shall be competent to conduct the arbitral proceedings in both Japanese and English.	仲裁手続を行なえなければならない。

　しかし、そのような言語能力を有する適任者の絶対数は少なく、仲裁人選任作業が難航することが想定される。このように、複数の手続言語も定めるという条項は注意を要する。

（7）仲裁費用の負担を定める仲裁条項

All disputes, controversies or differences arising out of or in connection with this Agreement shall be finally settled by arbitration in accordance with the Commercial Arbitration Rules of The Japan Commercial Arbitration Association. The place of the arbitration shall be Tokyo, Japan. 　The losing party shall bear the arbitrator's remuneration and expenses, the administrative fee and other reasonable expenses incurred with respect to the arbitral proceedings (hereinafter the "Arbitration Cost"). In the case where a part of claims is admitted, the Arbitration Cost shall be borne in accordance with the determination of the arbitral tribunal at its discretion. The parties shall each bear their own costs as well as counsels' and other experts' fees and expenses in the arbitral proceedings.	この契約から又はこの契約に関連して生ずることがあるすべての紛争、論争又は意見の相違は、一般社団法人日本商事仲裁協会の商事仲裁規則に従って仲裁により最終的に解決されるものとする。仲裁地は東京（日本）とする。 　仲裁人報償金、仲裁人経費、管理料金、その他の仲裁手続のための合理的費用（以下「仲裁費用」）は、敗れた当事者が負担する。請求の一部のみが認められた場合における各当事者の仲裁費用の負担は、仲裁廷が、その裁量により定める。各当事者は、仲裁手続における当事者自身の費用並びに代理人その他の専門家の報酬及び経費を負担する。

解説

　商事仲裁規則80条1項では、仲裁手続の費用として、①仲裁人報償金、仲裁人経費、管理料金、その他の仲裁手続のための合理的な費用のほか、②当事者が負担する代理人その他の専門家の報酬及び経費をあげており、同条2項で仲裁人が、当事者の負担割合を決定すると定めている。仲裁は当事者自治に基づく手続であるので、仲裁手続の費用負担についても当事者が定めることができる。JCAA仲裁の過去の例をみると、仲裁手続のために当事者が負担するコストの8割から9割は代理人への報酬及び経費の支払いである。なお、代理人の報酬は中小の法律事務所より大手事務所、日本の法律事務所より外国の法律事務所の方が高額であるのが通常である。

　条項例では、上記の①については、敗れた当事者が仲裁費用を負担することとし、一部の請求が認められた場合（部分的に敗れた場合）には仲裁廷が裁量で各当事者の負担を決定すると定め、②については各当事者が自分自身の費用並びに代理人その他の専門家の報酬及び費用を負担すると定めている。

(8) 多層的紛争解決条項

　　The parties shall attempt to negotiate in good faith for a solution to all disputes, controversies or differences arising out of or in connection with this Agreement (hereinafter referred to as "disputes").

　　If the disputes have not been settled by negotiation within [two] weeks from the date on which one party requests to other party for such negotiation, the parties shall attempt to settle them by mediation in accordance with the Commercial Mediation Rules of the Japan Commercial Arbitration Association (hereinafter referred to as "JCAA"). The parties shall conduct the mediation in good faith at least [one] month from the date of filing.

　　If the disputes have not been settled by the mediation, then they shall be finally settled by arbitration in accordance with the Commercial

　　当事者は、この契約から又はこの契約に関連して生ずることがあるすべての紛争、論争又は意見の相違（以下、「紛争」という）の解決のために、誠実に協議するように努めなければならない。

　　一方の当事者が相手方の当事者に対し、協議の要請を行った日から [2] 週間以内に、協議によって紛争が解決されなかったときは、当事者は一般社団法人日本商事仲裁協会（以下、「JCAA」という）の商事調停規則に基づく調停を試みるものとする。当事者はその申立ての日から少なくとも [1] カ月、誠実に調停を行わなければならない。

　　上記の調停によって紛争が解決されなかったときは、紛争はJCAAの商事仲裁規則に従って仲裁により最終的に解決されるものとする。仲裁地は東京（日本）とする。

Arbitration Rules of the JCAA. The place of the arbitration shall be Tokyo, Japan.

解説

　仲裁費用の高額化や仲裁手続の長期化の懸念から、その解決策の１つとして、当事者に仲裁手続を開始する前に、交渉や調停によって紛争解決を試みることを義務づける手続が採用されることがある。上記の「多層的紛争解決条項」では、紛争が生じた場合には、まず初めに、当事者は誠実な「交渉」による解決を試みて、それにより解決ができなかった場合には、次に中立的な第三者を介した交渉である「調停」を利用し、それでもなお、紛争の解決に至らない場合には、最終的に、強制的な手続である「仲裁」で解決するという段階的な紛争解決手続となっている。

　多層的紛争解決手続において注意すべきことは、交渉や調停の手続が、紛争を解決したくない当事者に、遅延策として利用されないように、予め手続期間を決めておく必要がある（上記の多層的紛争解決条項において少なくとも１カ月は調停を行うことを義務付けているが、この期間を定めていない場合にはJCAAの商事調停規則には期間の定めがあり、それは当事者が別段の合意をしない限り３カ月となっている）。

　また、多層的紛争解決手続では、相手方が誠実に交渉によって解決する姿勢がある場合には効果が期待されるが、現実に紛争が発生した場合に協議や調停による解決が期待できないこともあり得るので、期間を余り長く設定していると、その期間、最終的な解決手段である仲裁を開始できないことになってしまうので、ドラフティングの際にはそのことも考慮する必要がある。

（9）交差型仲裁条項（クロス条項）

All disputes, controversies or differences arising out of or in connection with this Agreement shall be finally settled by arbitration. If arbitral proceedings are commenced by X (foreign corporation), arbitration shall be held pursuant to the Commercial Arbitration Rules of The Japan Commercial Arbitration Association and the place of arbitration shall be Tokyo, Japan; if arbitral proceedings are commenced by Y (Japanese corporation), arbitration shall be held

　この契約から又はこの契約に関連して、当事者の間に生ずることがあるすべての紛争、論争又は意見の相違は、仲裁により最終的に解決されるものとする。Ｘ（外国法人）が仲裁手続を開始するときは、一般社団法人日本商事仲裁協会の商事仲裁規則に基づき仲裁を行い、仲裁地は東京（日本）とする。Ｙ（日本法人）が仲裁手続を開始するときは、（仲裁機関の名称）の（仲裁規則の名称）に基づき仲裁を行い、仲裁地は（外国の都市名）とする。

　当事者の一方が上記の地のうちの一においてその仲裁機関の規則に従って仲裁手続

pursuant to (the name of rules) of (the name of arbitral institution) and the place of arbitration shall be (the name of the city in foreign country).

Once one of the parties commences arbitral proceedings in one of the above places in accordance with the rules of the respective arbitral institution, the other party shall be exclusively subject to the arbitral proceedings and shall not commence any arbitral proceedings as well as court proceedings. The time receipt of the request for arbitration by the arbitral institution determines when the arbitral proceedings are commenced.

を開始した場合には、他方の当事者はその仲裁手続に排他的に服し、他の仲裁手続も訴訟手続も開始してはならない。その仲裁機関によって仲裁申立てが受領された時をもって、仲裁手続がいつ開始したかを決定する。

解説

交差型仲裁条項は仲裁の相手方（これを通常、仲裁の被申立人という）の所在地を仲裁地として仲裁手続を行うことを定める仲裁条項である。被告地主義仲裁条項や Finger pointing clause とも呼ばれている。相手方の仲裁機関は通常、相手国の仲裁機関が規定される。この仲裁条項の場合、相手方が契約違反をした場合、相手国で仲裁を行うことになるので、相手方が契約違反をする危険性が高い場合には注意が必要である。また、理論的には、仲裁申立てを受けた当事者が、反対請求の申立てではなく、別途、相手国において仲裁を申し立てる可能性があるため、そのような事態を避けるためには、一つの仲裁手続が開始した場合には、別の仲裁手続を開始することはできない旨の定めも合わせて規定しておくことがより望ましい。

（10）準拠法条項と仲裁条項

1. This contract shall be governed by and construed under the laws of Japan.
2. All disputes, controversies or differences arising out of or in connection with this Agreement shall be finally settled by arbitration in accordance with the Commercial

1. この契約は日本法に準拠し、解釈されるものとする。
2. この契約から又はこの契約に関連して生ずることがあるすべての紛争、論争又は意見の相違は、一般社団法人日本商事仲裁協会の商事仲裁規則に従って仲裁により最終的に解決されるものとする。仲裁地は東京（日本）とする。

Arbitration Rules of The Japan
Commercial Arbitration Association.
The place of the arbitration shall be
Tokyo, Japan.

解説

　契約の準拠法を定める条項は仲裁条項などの紛争解決条項とは別に定められることもあるが、上記のように、1項と2項として、両者をセットにして定められることもある。しかし、そもそも、この2つは異なる機能を果たすものであるので、以下のことを十分に認識しておくことが必要である。

　紛争解決条項は、紛争の発生に備えて定めるものであり、紛争が発生してはじめてその適用が問題になる。これに対して、準拠法条項は、紛争が発生するかしないかとは関係なく、契約がスムーズに履行されている間も、当事者間の権利義務及び法律関係の発生、効力、終了などを規律し続ける。

　JCAAへの相談事例として、被申立人の国での仲裁を行うことを定める「交差型仲裁条項」（上記（9））を採用するつもりであるところ、準拠法条項もこれと一体化させ、被申立人の国の法による旨を定めることにしてよいか、とのご質問を受けたことがある。仲裁条項を交差型にするのは、仲裁申立てをする際のハードルを上げ、申立てに踏み切る前の和解交渉や調停が促進されるという効果を期待することができる。

　しかし、準拠法条項をそれに合わせて交差型にしてしまうと、仲裁申立てをいずれの当事者が行うかによって、準拠法が違うということになるので、仲裁申立てがあるまでは準拠法は定まっていないことになる。そうすると、契約は果たして成立しているのか、契約不履行が発生しているのかといった問題について、仲裁申立てまでは準拠法が決まらず、したがって、一義的な答えが得られないことになり、混乱が生ずることになります。準拠法条項と仲裁条項との役割を正しく理解していれば、交差型の準拠法条項はあり得ないことである。

　なお、準拠法条項について付言すると、当事者間で合意すれば準拠法を定めることができるということは、法の適用に関する通則法7条により、特に仲裁による解決の場合には仲裁法36条により定められている。もっとも、それはあくまで契約問題についてであり、会社の代表権には会社設立準拠法が、担保物権には担保目的物の所在地法（債権を目的とする場合にはその債権の準拠法）が適用される等、契約以外の問題については問題に応じて異なる準拠法が適用されることになります。また、代理店の保護規制とか、競争法（独禁法）等の公法上の問題も、準拠法条項では如何ともし難く、複数の国の公法の適用範囲に入っていれば、複数の国の公法の適用もあり得る。

　また、契約問題に限ってみても、安易に契約相手の国の法によることに合意してしまうと、契約書のチェックの段階から紛争の場面まで全ての局面で当該国の弁護士に相談しなければならなくなり、時間とコストがかかることにも注意が必要である。

「そのまま使えるモデル英文契約書シリーズ」のご案内

書名	版型	ISBN コード	本体価格
そのまま使えるモデル英文契約書シリーズ 委託販売契約書（CD-ROM 付）	B5 版	978-4-910250-00-7	¥2,000
そのまま使えるモデル英文契約書シリーズ 委託加工契約書（CD-ROM 付）	B5 版	978-4-910250-01-4	¥2,000
そのまま使えるモデル英文契約書シリーズ 購入基本契約書（CD-ROM 付）	B5 版	978-4-910250-02-1	¥2,000
そのまま使えるモデル英文契約書シリーズ OEM（委託者側）製品製造供給契約書【輸入用】 （CD-ROM 付）	B5 版	978-4-910250-03-8	¥2,000
そのまま使えるモデル英文契約書シリーズ OEM（製造者側）製品製造供給契約書【輸出用】 （CD-ROM 付）	B5 版	978-4-910250-04-5	¥2,000
そのまま使えるモデル英文契約書シリーズ 総代理店契約書【輸入用】（CD-ROM 付）	B5 版	978-4-910250-05-2	¥2,000
そのまま使えるモデル英文契約書シリーズ 総代理店契約書【輸出用】（CD-ROM 付）	B5 版	978-4-910250-06-9	¥2,000
そのまま使えるモデル英文契約書シリーズ 合弁契約書（CD-ROM 付）	B5 版	978-4-910250-07-6	¥2,000
そのまま使えるモデル英文契約書シリーズ 実施許諾契約書【許諾者用】（CD-ROM 付）	B5 版	978-4-910250-08-3	¥2,000
そのまま使えるモデル英文契約書シリーズ 秘密保持契約書・共同開発契約書（CD-ROM 付）	B5 版	978-4-910250-09-0	¥2,000
そのまま使えるモデル英文契約書シリーズ 技術ライセンス契約書【中国語版付】（CD-ROM 付）	B5 版	978-4-910250-10-6	¥2,000
そのまま使えるモデル英文契約書シリーズ 販売基本契約書（CD-ROM 付）	B5 版	978-4-910250-11-3	¥2,000